MÉMOIRES
DU CHEVALIER
DE RAVANNE,
PAGE
DE S. A. R. LE DUC RÉGENT,
ET MOUSQUETAIRE.

TOME II.

A AMSTERDAM

Aux Dépens de la Compagnie.

M. DCC. LXXXII.

MÉMOIRES
DU CHEVALIER
DE RAVANNE,
PAGE
DE S. A. R. LE DUC RÉGENT,
ET
MOUSQUETAIRE.

L'ABBÉ, ou Cardinal Du Bois, étoit de Brive-la-Gaillarde, né de parens honnêtes, & assez aisés pour faire de lui un méchant Ecclésiastique, & d'un frère qu'il avoit, un Médecin, qu'il appella dans la suite, & qui par une charge créée exprès, fut fait Surintendant des Ponts & Chaussées. L'Abbé, obligé de chercher fortune, quitta la maison paternelle, &

Tome II.   A

en faveur de son caractère passa pour Précepteur chez Monsieur de G. **, Président au Parlement de Bordeaux. Là il donna bientôt des marques authentiques de ses grandes dispositions pour le beau sexe. Une femme-de-chambre, par malheur pour elle, se trouva de son goût. Il lui en conta, la persuada, & à la fin lui dérangea le tempérament.

Le Président qui ne l'avoit pas pris pour cette belle œuvre, le congédia. La femme-de-chambre, qui s'étoit mêlée aussi de ce qu'elle n'avoit que faire, eut le même sort. Tous deux sur le pavé, ils eurent le temps & la commodité de perfectionner leur ouvrage. Non-seulement cela, mais voulant apparemment le légitimer, l'Abbé quitta son petit-collet. Je ne sais si ce fut à meilleure intention que pour la Veuve; toujours il se maria avec la femme-de-chambre, & tous deux après cherchèrent condition. Elle, jeune, jolie & bien dressée, trouva bientôt son fait. Pour lui, tout mauvais Ecclésiastique qu'il fût, c'étoit encore son mieux. Ne trouvant rien à faire, & sa chère moitié hors d'état de le soutenir, ils résolurent ensemble qu'il reprendroit son premier métier, qu'elle le verroit comme frère, & s'employeroit pour lui retrouver ce qu'il avoit perdu.

L'Abbé, quoique rentré dans sa sphère, battit néanmoins très-long-temps le pavé. C'est dans ce temps-là que plusieurs personnes le virent déchaussé, moitié nud, & rat d'Eglise. A la fin, Madame l'Abbesse, sa chère moitié, découvrit, je ne sais comment, qu'il manquoit un Lecteur dans la Maison d'Orléans. Quoique ce poste fût fort au dessus de ce que pouvoit espérer son cher mari, elle ne perdit point courage. Après je ne sais quels efforts, elle vit jour à l'espérance, & le succès y répondant, elle fit un dernier effort pour équiper son trois fois cher. Il se présenta, & moitié protection, moitié bonheur, il fut accepté.

Quoique peu ambitieux, & qu'il ne l'ait jamais été que par occasion, la nécessité où il s'étoit vu lui fit étudier le naturel de son Maître, & le flattant, chercher par-là à s'insinuer dans ses bonnes graces, & se mettre à l'abri des injures qu'il avoit souffertes. Je crois qu'il n'eût d'abord d'autre but. Rien ne lui fut plus facile que d'y parvenir. Il n'eut qu'à suivre son goût, & observer seulement qu'il ne se trahit, c'est-à-dire, que ceux qui prenoient intérêt à l'éducation du Prince, ne s'apperçussent qu'il fortifioit ses penchans, & travailloit même à le pervertir dans ce qu'il avoit de bon. En peu de temps il s'empara si bien de la faveur & des graces de son Maître, qu'il n'eût plus rien à craindre à tous égards.

La fortune, comme on sait, change souvent le cœur. L'Abbé dans la sienne n'oublia pas seulement tout ce que sa chère moitié avoit fait pour lui, mais il méprisa ses nœuds, & la quitta effrontément, la congédia sans façon, comme il eût fait une concubine. Piquée d'une pareille conduite, elle songea moins à s'en venger qu'à le mépriser lui-même. C'est de quoi il s'embarrassoit le moins. Tous deux ne cherchèrent donc qu'à se dédommager. Dans la suite pourtant, les actions venant à baisser chez la femme, elle voulut faire rentrer le mari dans le devoir; mais avec une somme d'argent elle s'appaisa, & le tint quitte pour jamais.

Peut-être ce scandale se seroit-il parfaitement oublié, si l'Abbé dans sa fortune n'eût donné celui de vouloir être Archevêque & Cardinal. Je dis l'Abbé; mais c'est plutôt le Prince qu'on doit en accuser. Tout puissant, il se plut à l'élévation de son favori. Pour peu qu'il eût paru ne pas y donner les mains, l'Abbé se fût moqué de tous ces titres pompeux : mais le Prince, au contraire, prétendoit qu'il en étoit plus digne que bien d'autres; *parce*, disoit-il, *qu'on ne pouvoit du moins avec tous les vices ordinaires aux gens d'Eglise, lui reprocher l'hypocrisie.* En effet, faute de cette Vertu Cardinale, il fut tellement jugé indigne des honneurs auxquels il fut promu, que Clément XI creva, dit-on, de dépit, pour lui avoir vendu *un Chapeau* prix & somme d'*un million*, que reçurent ses neveux.

Il est à remarquer que le Pontife avoit pourtant déjà absous l'Abbé de mille défauts d'hypocrisie. Malheureusement son catalogue ne portoit pas les *deux mariages* dont il est ici question. Ils ne lui revinrent qu'après, & ce fut alors que le scrupule lui donna si fort la fièvre, qu'il en mourut. Ce qu'il y a encore de remarquable, c'eſt que ce coup mortel lui fut charitablement porté par l'Archevêque de V.... & M. le Cardinal de P.... qui, diſgraciés, & par vengeance contre l'Abbé, informèrent de ſes actions conjugales, & en envoyèrent les pièces authentiques à Rome. Sans parler du motif qui animoit ces Meſſieurs, je laiſſe à juger, puiſque l'affaire étoit ſans remède, s'il valoit la peine de faire mourir d'une ſi vilaine mort leur Père & leur Bienfaiteur commun. Quelle charité! mais c'eſt trop m'écarter; je reviens à ce où j'ai malheureuſement eu part.

Le Prince ne connoiſſant d'autre loi que celle du plaiſir, n'apprit pas ſeulement avec joie le projet de l'Abbé, mais il l'exhorta même à n'y mettre aucun délai. *Demain*, lui dit-il, *je retourne à St. Cloud. Cependant fais vite, & que je reçoive au plutôt de bonnes nouvelles.* Il n'y a point de doute, que ſi ce n'eût été mon état, le Prince m'auroit envoyé avec l'Abbé aux trouſſes de la veuve. Loin de cela, il m'avertit qu'il m'emmeneroit avec lui; mais que j'euſſe à ſi bien prendre mes meſures avec moi-même, que je fuſſe prêt, s'il étoit nécessaire, lorsque l'Abbé parleroit. Heureusement qu'il ne parla point, & que nous étant rendus le lendemain à Saint-Cloud, nous ne l'y vîmes que quatre ou cinq jours après, pour l'invitation de sa noce.

J'étois avec le Prince lorsqu'il arriva. L'appercevant, il me dit à demi-bas : *Je gage qu'il apporte de bonnes nouvelles ; sa mine seule me le dénote. Hé bien*, lui cria-t'il ensuite, *qu'as-tu à nous apprendre ?* Il demeura quelque temps à répondre ; mais ce n'étoit que pour donner à quelques importuns celui de se retirer. Ce que j'ai à vous apprendre, répondit l'Abbé, c'est, Monseigneur, qu'il faut partir dès ce soir pour me voir fiancé & marié à minuit. Les choses en sont-là ; jugez si je me suis endormi. Non, répliqua le Prince tressaillant & se levant comme pour partir. Doucement, mon Prince, lui dit l'Abbé, vos ordres sont-ils donc déjà donnés ? Vous avez du temps de reste. Ecoutez, s'il vous plaît, comment j'ai employé le mien. Le Prince s'étant rassis, l'Abbé se mit à lui raconter la manière dont il étoit parvenu à son but.

Ayant quitté le petit-collet, commença-t'il, & m'étant vêtu à la séculière, j'ai été, selon ma promesse, me montrer en sacrifice à la veuve. Voyez, Madame, lui ai-je dit, voyez si c'est-là vous aimer. Pénétré & saisie, elle n'a su d'abord que me répondre ; mais revenue à elle, elle est convenue qu'on ne pouvoit une plus grande marque d'amour, que la reconnoissance seule l'engageoit déjà plus qu'elle ne vouloit ; mais qu'elle demandoit néanmoins encore quelque temps pour se consulter. Quoi, Madame, me suis-je écrié, tandis que je sacrifie tout pour vous, vous demandez encore du délai ! Non, je souffrirai plutôt la mort ! Cette généreuse veuve, continua l'Abbé, touchée, attendrie, m'a prié d'entrer pour la première fois de sa vie. Là elle s'est abandonnée aux sentimens les plus tendres. Elle n'a plus insisté que pour assembler quelques parens, & a pris jour pour le lendemain.

Le lendemain, poursuivit l'Abbé, je me suis rendu seul, comme je l'avois protesté, jusqu'à ce que toutes choses fussent conclues. Je n'y ai trouvé que quatre personnes voisines & alliées, & déjà si bien prévenues, que je n'ai paru pour ainsi dire que pour m'entendre faire compliment sur l'honneur de mon alliance. Ne répondant que par mon empressement, on a passé tout le jour à délibérer sur les moyens de le satisfaire. Le Notaire est venu; on a passé contrat. Je voulois, & j'avois même déjà prévenu un Ecclésiastique de mes amis ; mais la veuve a voulu absolument se marier à sa Paroisse. Je n'ai consenti que foiblement à cet article, jusqu'à ce qu'ayant été trouver le Vicaire, il m'a paru si bon diable, que je ne pouvois mieux rencontrer dans tout Paris. Je l'ai mené chez ma veuve, qu'il connoissoit déjà. Elle & moi nous l'avons chargé de tout ; & pour conclure enfin, on vous attend, Monseigneur ; mais vous ne serez là, s'il vous plaît, que mon ami. *Trop heureux*, s'écria le Prince. *Va ; c'est dommage que tu ne sois pas premier Eunuque du grand Turc.*

Je vous entends, Monseigneur, repliqua l'Abbé ; vous voudriez que la cérémonie ne se fît que pour vous, ou qu'après elle on m'en fît une autre. J'aimerois mieux, continua-t'il, que le grand Sultan perdît jufqu'à fes oreilles, que de me voir feulement ôter un cheveu. Le Prince en belle humeur ne demandoit qu'à railler. Cependant il ne fit que rire de la réponfe de l'Abbé, & changeant de difcours, il lui demanda *où l'on iroit en fortant de l'Eglife?* On ira, répondit l'Abbé, non pas me rien retrancher, mais me donner un relief plus commun à la Cour & à la Ville que l'amputation, terrible même à Conftantinople. *Comment donc?* repartit le Prince. Oui, pourfuivit l'Abbé, malgré tout le mal que vous pourriez me fouhaiter, j'ai difpofé les chofes de manière, qu'il arrivera peut-être ce qu'on n'a jamais vu; c'eft-à-dire, qu'une femme par rufe du mari, le coëffe fans le favoir.

Pour s'expliquer, il ajouta qu'il avoit ordonné chez une Fameufe, où il avoit déjà mené la veuve, comme chez fa parente, un régal pour dix perfonnes; qu'on îroit-là en fortant de l'Eglife; qu'il avoit des lits tout prêts; & qu'à tout Seigneur tout honneur, le Prince commenceroit à remplir les devoirs matrimoniaux. Quel horrible & funefte projet contre cette vertueuſe veuve! Je croyois d'en être quitte pour l'entendre; mais il fallut que j'en fuſſe témoin, & que je priſſe part aux embûches qu'on alloit lui dreſſer. Le Prince ne s'attendoit pas moins qu'à cette reſpectueuſe déférence de l'Abbé. C'eſt ce qu'il aimoit; non pas ſeulement en tel cas, mais dans tout autre, où il ſe familiariſoit, s'oublioit, & vouloit être ſeul à le faire. Cependant cela n'arriva pas toujours; & quoique ſa bonté le fît ſouvent paſſer ſur bien des choſes, il fut plus d'une fois obligé de redreſſer l'abus qu'on en faiſoit.

L'Abbé ayant fini ſon narré, je vis l'heure où je croyois quaſi que l'on partiroit ſans ſonger à moi. Point du tout. Le Prince me demanda bien mon avis; mais l'Abbé me chaſſa pour ainſi dire, afin que j'allaſſe me préparer. Je fus bientôt prêt, ayant preſque également à la ville & à la campagne tout ce qu'il me falloit. Tout l'étant, nous partîmes, & arrivâmes avec la nuit au Palais-Royal. Pour m'épargner néanmoins, l'Abbé me fit conduire par ſon valet-de-chambre de main, chez la Fameuſe; où il avoit ordonné ſon régal.

Tu nous attendras-là, me dit-il. Si quelque chose manque, tu le redresseras; mais renvoie-moi le valet-de-chambre, parce qu'on ne sait ce qui peut arriver, & que d'ailleurs ma veuve le connoît déjà pour le mien propre.

Acceptant avec plaisir cette espèce de grace qu'il accordoit à ma circonstance, je me laissai conduire où il voulut. Arrivé, je renvoyai aussi-tôt le valet-de-chambre, & me mis à causer avec la Dame du lieu. C'en étoit bien une en apparence du plus grand air, & des mieux étoffées; mais, graces à l'Abbé, qui en moins de trois jours l'avoit mise sur un si bon pied. Il lui avoit fait prendre un appartement magnifique, laquais, femme-de-chambre : le tout pour s'en faire honneur, comme d'une parente, chez qui il vouloit même obliger sa veuve de venir demeurer.

Il étoit près d'onze heures quand j'entrai chez cette femme. Entre une & deux après minuit, toute la noce arriva. La veuve, aussi charmante que tout ce que je vis en ma vie, me pénétra jusqu'au fond de l'ame. J'aurois peine à dire pourquoi

quoi & comment. C'étoit chez elle un mélange de mille attraits, & chez moi une confusion de presqu'autant de sentimens. Je crois pourtant que la pitié me dominoit le plus. Je jure que si j'avois pu croire qu'elle n'eût produit autre chose que d'accélérer le désespoir de la veuve, & attirer peut-être ma disgrace, j'aurois tenté de lui ouvrir les yeux, & lui faire éviter le piége qu'on alloit lui tendre. Hélas! elle ne le pressentoit guères. Pleine de la confiance qu'inspire la vertu, elle étoit gaie, enjouée, & ne songeoit qu'à donner à son nouveau mari autant lieu d'être content, qu'elle croyoit bonnement en avoir.

Avant que de se mettre à table, l'Abbé me tira en particulier, & me dit que je prisse garde de n'appeller le Prince que mon oncle; & lui simplement, Monsieur, ou l'Abbé, si je voulois. En effet, il avoit fait passer le Prince, & moi, pour oncle & neveu, comme chez la Clinquaillière, & tous deux de ses amis. Pour lui, il avoit pris un nom si abicrac, qu'il ne voulut obliger ni le Prince ni moi à le retenir, d'autant plus qu'il s'attendoit à lever bientôt le masque, faute de pouvoir le garder.

L'ambigu étant tout dressé, on fit presque aussi-tôt asseoir l'épouse entre ses deux époux. On n'auroit guères pu distinguer lequel des deux étoit le véritable, à moins qu'aux airs & aux manières galantes on n'eût jugé que le Prince étoit l'amant, l'Abbé le mari. On ne fit pas longue table. Ce plaisir étoit réservé au jour & à la nuit suivante. Pour celle-ci, on se retira sagement, après s'être seulement rafraîchis, & avoir fait aux nouveaux mariés tous les complimens qui conviennent.

La Veuve étoit prévenue, non-seulement qu'elle coucheroit-là, mais que les amis de l'Abbé y coucheroient aussi ; parce qu'il l'avoit avertie qu'ils viendroient *incognito* de la campagne. Tous s'étant retirés, nous en fîmes autant dans un lieu choisi, & où la maîtresse établie nous conduisit. C'étoit une chambre à deux lits, qui communiquoit à celle des Mariés, & dont la porte donnoit presque sur leur lit nuptial. Suivant le mot, le Prince se déshabilla tout prêt en robe de chambre. La porte même n'étoit que poussée, sans être fermée. L'Abbé ayant fait mettre sa mariée au lit, éteignit les bougies, & au lieu de s'y mettre, il entra doucement dans la chambre où nous étions, & le Prince passa à la place. Nous, c'est-à-dire, l'Abbé & moi, nous nous couchâmes chacun dans notre lit, en attendant ce qui en arriveroit.

La simplicité & la bonne foi de la Veuve l'empêcha sans doute de méconnoître d'abord son objet. Plus replet & mieux nourri, il n'y avoit que sa grande crédulité qui pût l'empêcher de sentir une différence aussi palpable au toucher, que son imagination pouvoit la lui représenter. Cependant il n'en fut rien. Mais nous étions malheureusement dans les jours les plus longs de l'année. Il commençoit même à poindre lorsqu'on s'étoit mis au lit. Déjà grand, & revenue apparemment de ses premiers transports, elle fit plus d'attention, tomba dans quelque étonnement, & voulut s'éclaircir. Soit cela, ou qu'ayant ouvert les rideaux, tant du lit que des fenêtres, elle vint naturellement à connoître son erreur; elle fit un grand cri, se leva, & nous éveilla par son bruit.

Je dis qu'elle nous éveilla, parce qu'à force d'attendre cette scène, & surpris même de ce qu'elle n'arrivoit pas, nous nous étions endormis. Nous levant brusquement, nous entrâmes. Quel spectacle, ô Dieu ! Pour moi du moins je fus saisi d'horreur, & sur-tout de pitié. Cette pauvre Veuve tombant aux genoux de son mari, crioit miséricorde pour le crime qu'il lui avoit fait commettre. Suffoquant de larmes & de sanglots, non, juroit-elle, je n'y ai aucune part ; si vous le croyez, faites de moi ce qu'il vous plaira. L'Abbé lui-même ne put s'empêcher d'en être touché. Il lui dit, pour l'appaiser au plus vîte: De quoi vous alarmez-vous ? c'est moi qui l'ai voulu. Vous, s'écria-t'elle, cela se peut-il ? Oui, & qui plus est je ne vous en aime que davantage. Vous ne m'en aimez que davantage ! reprit-elle, & moi je vous déteste. Ciel ! quel monstre, qui ne se contente pas de l'être, mais qui a voulu que je le fusse aussi ! Savez-vous ce que vous dites, repliqua l'Abbé, & à qui vous avez eu affaire ? Fut-ce avec Gabriel, répondit-elle ; mais non, c'est avec des Lucifers. Que je suis malheureuse ! & où trouverai-je un antre assez sombre pour cacher ma honte ! Quelle folie, repartit l'Abbé ! combien d'antres ne faudroit-il pas s'il en falloit à chacune de celles qui ne sont pas même dans votre cas !

Pendant toute cette scène, le Prince, qui étoit demeuré au lit, se leva & vint pour joindre sa rhétorique à celle de l'Abbé. Loin de lui sauter à la gorge, comme avoit fait la Clincaillière, la Veuve se sauva, ne pouvant supporter l'objet de sa honte. Le Prince la suivit. Non, crioit-elle, je saute par les fenêtres. Il s'arrêta, & tout stupéfait, il nous dit : *Laissons-là, c'est un premier mouvement, sans doute qu'elle en reviendra.* Appellant la maîtresse du lieu, il la pria d'aller joindre la Veuve, qui s'étoit retirée dans la chambre où nous avions couché l'Abbé & moi. Tout habiles que sont ces sortes de femmes à tourner en ridicule la vertu de celles qui en ont, elle ne nous rapporta autre chose, plus d'une heure après, sinon qu'elle n'avoit jamais vu un pareil désespoir.

Cependant l'heure où les parens devoient venir voir les nouveaux mariés, approchoit. Il fut résolu qu'on les renverroit au temps du dîner, & que si d'ici là la Veuve ne se mettoit pas à la raison, on s'ouvriroit à l'un d'eux, qu'on l'éblouiroit par promesses ou par présens, & que de cette manière peut-être on réussiroit. C'est le parti qu'on fut obligé de prendre. Le désespoir de la Veuve ne fit qu'augmenter avec les réflexions. Il alla même jusqu'à en craindre les effets ; & ce fut alors que, les parens venus pour la seconde fois, on mit le projet en exécution.

C'est quelque chose d'étonnant, comment dans une même famille il se trouve des vases d'honneur, & d'autres de déshonneur. Ceux-ci pour l'ordinaire se sentent les uns les autres. L'Abbé avoit flairé qu'une vieille tante de la Veuve n'étoit pas celle dont elle héritoit, & qu'elle pourroit bien se prêter à ce qu'elle n'avoit pas la mine d'avoir jamais donné lieu. En effet, celle-ci arrivant des premières, l'Abbé la tira en particulier. Il la mit au fait, & la persuada si bien, que passant devant nous pour aller sermoner la Veuve, nous pouvions à son seul air nous promettre quelque chose. Elle entra, & après un débat assez long, elle parut d'un air grave &

content, pour nous dire qu'elle avoit déja obtenu de sa niéce qu'elle paroîtroit comme si de rien n'étoit.

Quoique ce ne fût pas grand'chose, c'étoit pourtant beaucoup. Le Prince s'en réjouit, l'Abbé de même. Pour moi, si quelque chose eût pu me divertir, c'eût été de voir dès-lors, & tout le jour, la suffisance & le respect que cette vieille haridelle marquoit au Prince, que l'Abbé lui avoit fait connoître. Comme la Veuve n'avoit jusques-là songé à rien moins qu'à sa toilette, nous vuidâmes la chambre où nous étions, & y laissant la tante pour profiter encore de ce temps, nous fûmes joindre les autres dans la salle où nous devions dîner. Enfin toutes deux parurent. On a beau dire : on pouvoit lire sur le front ce que valoient la tante & la niéce. Pour celle-ci, rien de plus naturel; c'étoit la vertu même choquée & désolée.

Ceux de ses parens, qui ne savoient pas le dessous des cartes, furent surpris de la voir. L'une entr'autres, qu'une même trempe apparemment lui rendoit plus chère, s'informa curieusement de ce qu'elle avoit. Quelques larmes qu'elle laissa couler, pensèrent encore nous troubler; mais l'Abbé, soutenu de la tante, en rejeta la source sur une cause badine, & cela passant, chacun se divertit comme il put. Le Prince lui-même, à qui la violence ne plût jamais, paroissoit tout mécontent & comme ennuyé. Cependant le vin de Champagne à la fin du repas produisit son effet. Nos Bourgeois & Bourgeoises se mirent à chanter chacun à la ronde; la Veuve donna la sienne, mais d'une voix de tourterelle, plus gémissante d'avoir trouvé à son réveil le coucou dans son nid, que si elle avoit réellement perdu celui qu'elle avoit cru digne d'y admettre.

Après le repas, le Prince las, ennuyé, se seroit volontiers retiré. Cependant il demeura pour voir quelle seroit la fin de la pièce; mais sous prétexte de mal de tête, il passa dans une chambre à part pour s'y reposer. Nos petits Marchands & Marchandes parlèrent de faire un tour à leur boutique du Palais. Nous les laissâmes aller, à l'exception de la vieille tante, que l'Abbé retint. Ce qu'elle avoit déjà opéré, le faisoit bien augurer du reste; mais il se trompoit grossièrement. La Veuve n'avoit plus pour lui que de l'horreur, & sa vue seule lui faisoit souffrir mort & passion.

N'y ayant plus là que gens du secret, l'Abbé voulut s'en approcher. Monstre, lui dit-elle, retirez-vous de moi, & ne m'approchez jamais ! Que vous êtes méchante, lui répondit-il ! Savez-vous que je suis votre Seigneur & Maître ? Vous, s'écria-t'elle, vous n'êtes que mon bourreau ! Brutal, il ne se mit pas seulement à lui chanter pouille, mais encore à lui vouloir faire violence. Pour moi, je ne sais ce que je lui eusse fait, si le Prince attiré par le bruit ne fût venu mettre le holà. *Qu'est-ce donc ?* dit-il, à l'Abbé ; *que veux-tu ?* Je veux, répondit-il, que Madame mon épouse se mette à la raison, qu'elle m'aime selon les loix ; du reste, je m'en moque. Il a bien raison, dit cette vertueuse affligée. Dieu, s'écria-t'elle, que vous ai-je fait pour m'avoir ainsi abandonnée !

Le Prince, réellement touché, s'approcha pour la consoler. Jusques-là il n'avoit pas seulement paru qu'elle sût rien de son rang, mais elle s'en souvint pour lui dire qu'elle s'étonnoit qu'un grand Prince comme lui se fût abaissé au stratagême qui la

B v.

déshonoroit. *Je conviens, Madame,* lui repliqua-t'il, *que je me suis oublié; mais si vous vouliez, malgré le désordre où vous êtes, vous considérer dans un miroir, peut-être m'excuseriez-vous. Cependant,* ajouta-t'il, *je ne m'excuse pas à présent moi-même, & si j'avois pu m'imaginer tant de vertu, j'eusse tâché d'en avoir assez pour vous épargner le trouble où vous êtes. La cause ne dépend plus de moi; mais si je puis en adoucir l'effet, parlez, Madame, & vous verrez peut-être que je suis Prince.*

L'air grand & naturel dont le Prince prononça ces mots, ébranla la Veuve. *Je confesse,* lui dit-elle, *que si je pouvois encore être dupe, je la serois des sentimens que vous marquez. Dupe,* interrompit le Prince! *vous avez raison de craindre après ce qui vous est arrivé; mais éprouvez-le, & vous verrez ce qui en sera.* Quelle preuve, hélas! pourroit me consoler? J'en ai pour ma vie à me détester. Cependant, à la merci où je suis, je vais vous demander une grace. *Quelle?* dit le Prince avec ardeur. C'est, poursuivit-elle, de me mettre à l'abri des prétentions que Monsieur, en montrant l'Abbé, prétend avoir sur moi. Il m'a épousée, m'a-t'il dit lui-même, pour vous & pour lui. Cela ne fera pas, ou je me donne la mort.

L'Abbé, encore furieux, prévint la grace qu'elle demandoit au Prince. Je vous l'accorde, ma mie, lui cria-t'il avec colère. Croyez que quand on me méprife, je le rends au centuple. *Pour cela*, dit le Prince, *tu es bien un méchant homme ; je l'avoue, Madame, puifqu'il m'ôte de lui-même la fatisfaction de vous accorder la première grace que vous m'ayez jamais demandée. Voyez quelle autre, après celle-là, pourroit vous faire plaifir ?* Je ne fais, répondit-elle, excepté, que n'ofant jamais reparoître chez moi ni aux environs, je vous prie de me laiffer ici. C'eft ce qui m'a déjà été offert, ajouta-t'elle, & que je ne croyois guères d'accepter par une auffi fatale néceffité. Elle dit ces mots fondant en larmes, & fe lamentant comme une Madeleine.

Le Prince fe félicita de cette réfolution. C'étoit l'ouvrage de la tante ; mais qui pour l'achever avoit eu befoin de quelque temps, & peut-être de la circonftance qu'avoit fait naître la difpute de l'Abbé.

Hé bien, Madame, lui dit le Prince, comptez qu'il ne dépendra pas de moi que vos pleurs ne se changent en satisfaction & en douceur. Non-seulement vous pouvez demeurer en ce lieu, mais choisir quel autre il vous plaira. Par-tout vous y trouverez vos commodités, & un homme qui vous y adorera. Ce lieu, reprit-elle, n'est en lui-même que trop bon pour moi. Cependant, si j'ai mon choix, je le quitterai volontiers, tant pour l'horreur qu'il m'inspire, que pour m'éloigner, & faire, s'il se peut, qu'on n'entende jamais parler de moi. Parler de vous ? dit la tante. Qu'en pourroit-on dire qui ne vous fît honneur ? Cela lui échappa, moins pour faire la cour à sa nièce qu'au Prince. Cependant, Dieu qui ne permet pas toujours que les vicieux trouvent ici-bas leur compte, elle ne le trouva pas mieux que l'Abbé.

Les Convives, qui nous avoient quitté, & que la fête, quoique languissante, rappelloit, arrivèrent sur ces entrefaites. On changea de ton. Le Prince, au comble de ses vœux, le mit lui-même sur la joie. Il n'y avoit que l'Abbé & la Veuve, qui chacun en soi-même faisoient bande à part.

Quoique mornes tous deux, on distinguoit aisément leur motif. L'un avoit l'air d'un loup frustré de sa proie, & l'autre d'une brebis offensée, mais pourtant échappée à sa dent gloutonne. S'étant mis à table, on ne laissa pas que de se divertir beaucoup mieux qu'au dîner. Peut-être trouva-t'on les mariés un peu froids; mais sans beaucoup s'en expliquer, on se sépara, & nous nous retrouvâmes une heure ou deux après le repas.

Le Prince, occupé de ce que lui avoit dit sa charmante Veuve, lui demanda *dans quel quartier elle souhaitoit de se retirer?* N'importe, lui répondit-elle, pourvu que j'y sois parfaitement ignorée. *Sur ce pied-là*, repartit le Prince, *la ville ou la campagne vous sont égales.* Oui, repliqua-t'elle; mais j'espère que quelque part que ce soit, ma tante, que voici, me tiendra compagnie. *Elle, & tout autre. Faites-vous une Cour, si vous voulez; je ne m'embarrasse que de la loger, & de l'augmenter quelquefois moi-même.* Quel charme flatteur, s'écria-t'elle! il ne lui manque que de s'accorder un peu mieux avec le devoir. *Si je pouvois lui donner ce mérite*, repliqua le Prince, je vous jure, Madame, qu'il l'auroit peut-être déjà, ou du moins tout-à-l'heure. C'est aussi tout ce que jamais il y manquera. Adieu, je me retire, & vais donner mes ordres pour être éternellement à vous.

Si le Prince n'avoit été animé que d'un plaisir brutal, il est certain qu'il eût moins songé à l'avenir, qu'à la nuit qu'il alloit perdre. Cependant il l'embrassa, & m'ordonnant de rester pour lui faire compagnie, il seroit parti sur le champ, si l'Abbé ne l'eût arrêté. Où allez-vous, Monseigneur? lui dit-il; attendez au moins qu'on ait été chercher un carrosse. Que ferez-vous d'ailleurs jusqu'à ce qu'il soit jour? Autant & mieux vaudroit que vous passassiez ici la nuit. *Non; Madame, n'a besoin que de repos, & moi je ne veux m'occuper que du soin de lui complaire.* Belle passion, repliqua-t'il! Ma foi il semble que la mienne vous soit allé trouver, & que les deux n'en fassent plus qu'une. Le Prince s'étant rassis, eut encore le temps de baiser cent fois les mains de la veuve, de l'assurer de toute sa tendresse, & qu'il la consoleroit par tout ce qui seroit en son pouvoir. Enfin, le valet-de-chambre étant venu avertir qu'il avoit-là un carrosse, le Prince, comme s'il eût eu affaire à une Reine, prit congé par un dernier baiser, & partit avec l'Abbé.

Cet égard que le Prince marquoit à la veuve, étoit certainement à sa place. Elle avoit besoin de se remettre du triste état où son aventure l'avoit jetée. Seule avec sa tante & moi, elle me demanda : Et vous, Monsieur, qui êtes-vous, je vous prie ? Le monstre qui a tramé & conduit tout ceci, ne m'a pas sans doute moins trompée à votre égard que sur tout le reste. Je suis, Madame, lui répondis-je, un jeune homme qui vous plains du fond du cœur, & qui vous eût sauvée s'il avoit cru le pouvoir. Avant vous, j'ai frémi du tour qu'on vous a joué. Qui êtes-vous donc, reprit-elle encore ? Hâtez-vous de m'apprendre comment & par quel hasard, après les sentimens que vous marquez, vous tenez lieu ici d'un méchant garnement. Je le suis, repliquai-je, mais pourtant pas assez pour prendre plaisir à des embûches telles que celles-ci. Vous vous en etonnerez, peut-être, si je vous ajoute que je suis Page. Je me le suis presque imaginé, répondit-elle ; mais comme il m'a paru en effet à votre air & à vos manières que vous ne vous plaisiez pas à tout ce qui vient de se passer, je me loue d'avoir une compagnie telle que la vôtre. Puisque vous êtes si bien né, ajouta-t'elle, que de prendre part à mon sort, vous permettrez que je le déplore. A quelle honte ne suis-je pas réservée ! Non, Monsieur, la vie ne sera plus jamais pour moi qu'un supplice, & ma folle simplicité un reproche éternel. C'est à elle seule que je m'en prends ; & quand Monsieur le Duc d'Orléans me feroit sa Duchesse, je n'en serois pas moins à charge à moi-même. Elle acheva ces mots en se baignant de larmes ; & suffoquant presque de sanglots, elle ajouta : où êtes-vous, ma petite boutique ? Hélas ! qu'y avois-je à souhaiter, que de n'y voir jamais le démon qui m'en a tirée ?

La tante & moi fîmes ce que nous pûmes pour la consoler. Quoiqu'animés de sentimens biens différens, nos expressions s'accordoient assez. Je l'assurai en particulier, que dans son malheur elle ne pouvoit jamais être mieux tombée qu'à mon

Seigneur & Maître ; qu'elle en avoit déja un échantillon, & qu'elle verroit bientôt que tout ennemi qu'il ait été de sa vertu, il en faisoit cas, & la mettroit sur le trône, s'il le pouvoit. Là-dessus nous fûmes nous mettre au lit ; elle sans doute en proie à sa douleur, & moi bientôt à ma fièvre. Soit émotion d'esprit & d'idées, soit disposition naturelle, mon accès retarda considérablement ; mais je payai cruellement cinq cinq ou six heures de grace qu'il m'avoit fait. Il me prit comme un torrent ; jusques-là qu'un domestique que j'avois fait demeurer près de moi, à tout événement, se crut obligé d'éveiller toute la maison. La veuve, moins endormie, arriva une des premières à mon secours. Elle fut assez bonne pour croire que la part que je prenois à sa disgrace, en avoit à mon état. Je la désabusai, & lui dis que si cela étoit, ce n'étoit que du plus au moins.

Tout le logis étant accouru, chacun s'empressa à me donner son assistance & son remède. Je m'en tins à celui que j'avois coutume, c'est-à-dire, à celui de bien boire. Me trouvant plus tranquille, je priai qu'on me laissât reposer, s'il y avoit lieu. Accablé, je m'endormis si bien, que je ne m'éveillai qu'à quatre heures après-midi, & pour recevoir des belles mains de la veuve un bouillon qu'elle tenoit tout prêt. Elle s'assit à côté de mon lit ; nous y causâmes quelque temps ; ensuite je me levai & fus à mon tour lui tenir compagnie.

Sur le soir, le Prince arriva ; il parut avec les plus vifs transports. S'informant sur-tout *comment la veuve avoit passé la nuit*; elle lui dit, en affligée, de toute façon : Comment donc, Monsieur ? ajouta-t'elle en m'indiquant, a pensé me laisser seule à gémir & me devancer en l'autre monde. Oui, repliqua-t'il, *il me paroît en effet qu'il a été étrillé* ; *je suis fâché de vous avoir laissé une si triste compagnie.* Point du tout, reprit-elle, les affligés ne sont jamais mieux qu'ensemble. *Je crois pourtant, ajouta-t'il, que vous & lui n'en auriez été que mieux si je l'avois emmené.* Je ne sais, pour Monsieur ; mais pour moi, protesta-t'elle, je vous en remercie, comme d'une grace particulière, & je serois même très-fâchée d'en être privée. *Fort bien, Madame ; il sera de votre Cour, si vous le voulez,* à Surenne, où j'ai déjà envoyé vous préparer une retraite.

Le Prince, plus formaliste que je ne l'avois jamais vu, pria & voulut pour ainsi dire se faire prier à souper. Voyant l'embarras de l'un & de l'autre, je pris la parole & dis : Oui, mon Prince, faites-nous cet honneur, car sans vous nous courrions risque de ne nous repaître que de larmes. Il me prit au mot. Pendant le souper, & tout le temps que le Prince demeura avec sa veuve, je puis assurer qu'on ne pouvoit rien voir de plus tendre, de plus galant; en un mot, de plus glorieux pour la vertu. Il la quitta comme la veille, la suppliant de se tranquilliser, & lui jurant qu'il n'oublieroit rien pour lui procurer les jours les plus doux & les plus agréables. Il est sûr que si quelque chose eût pu consoler la veuve, c'eût été les manières que le Prince avoit dès-lors pour elle, & qu'il eut dans toute la suite. Mais le poison répandu sur sa vie, la rongea jusqu'à la mort.

Le Prince nous ayant quitté, nous fûmes un peu moins tristes que la veille chercher dans nos lits un repos que nous n'y avions guères trouvé. Le mien fut si complet, que me levant le matin, il sembloit que je ne me fusse jamais mieux porté. Pour user de représailles, je fis préparer, au lieu de bouillon, du meilleur chocolat pour en fortifier la veuve. Aussi-tôt qu'elle fut visible, j'entrai dans son appartement, & elle nous le fit verser. Depuis ce moment jusqu'au soir, nous nous entretinmes de mille bonnes choses. La tante, incapable de les goûter, nous laissa, & fut avec la Maîtresse du lieu s'entretenir à leur manière. Son absence me donna occasion de faire entendre à la veuve que cette femme ne m'agréoit pas.

Comme c'étoit sa tante, je ménageai d'abord les termes; mais les siens me donnant pied, je lui déclarai tout net, qu'elle me déplaisoit souverainement. Pour vous l'avouer, me dit-elle, quoiqu'elle soit ma tante, je ne l'en ai jamais plus aimée. Mais que faire? C'est encore une consolation pour moi. J'ignore, ajouta-t'elle, par quel hasard on s'est adressé à elle. De toutes mes parentes, c'est la seule peut-être qui auroit voulu me tenir compagnie. Tant pis, repliquai-je; je souhaiterois, s'il vous en faut une, que cette autre que vous appelliez cousine, & qui hier à dîner me parut si touchée de votre air, fût à sa place. Plût à Dieu, répondit-elle ! elle m'aideroit bien mieux à supporter la rigueur de mon sort.

Quoi donc ? repris-je, est-ce que vous croyez qu'on ne pourroit pas l'engager ? J'en fais mon affaire ; & pour peu qu'elle vous aime, je me flatte de réussir. Pour m'aimer, me dit-elle, j'en suis sûre ; mais qui sait, si apprenant la honte qui m'est survenue, le mépris ne prendra pas la place de son amitié ? Il faudroit, répondis-je, qu'elle ne fût guères raisonnable, ou qu'elle ne fît guères usage de son jugement, pour qu'appréciant ce que vous appellez votre honte, elle ne s'en fît pas une de vous abandonner. J'ai meilleure opinion d'elle ; & si vous me le permettez, je vous promets de la résoudre à venir pour ne jamais vous quitter. Vous feriez plus, repliqua-t'elle, que tout ce que je puis espérer de Monsieur le Duc ni de personne. Allez quand il vous plaira, je vous instruirai même de la manière dont vous devez vous y prendre : mais que je crains bien que cela n'aboutisse qu'à la désespérer pour l'amour de moi, & à me faire de nouvelles peines!

Le penchant que j'avois à la servir, mon aversion pour sa tante, & par conséquent ma satisfaction propre, pour peu que j'eusse à vivre avec elle, ne me portoient que de reste à un échange que tout homme désintéressé eût naturellement souhaité. Cependant je ne voulus rien entreprendre que du su & de l'aveu du Prince. Nous l'attendions. Il arriva: avant que de la laisser engager dans quelques transports, je lui communiquai notre projet. *Fais*, me répondit-il, *& si quelque chose m'importe, c'est que tu réussisses. Tâche même que ce soit dans vingt-quatre heures; car demain tout sera prêt à Surenne, & je viendrai à pareille heure chercher Madame pour l'y conduire.* Quoique je m'attendisse à l'agrément que je recevois, je pensai sauter de joie. Si je ne réussis, répondis-je, ma foi, Monseigneur, ce ne sera pas manque de bonne volonté.

Malgré la déception & le dépit de l'Abbé, c'étoit lui néanmoins qui faisoit aller les choses si grand train à Surenne. Le

Prince nous le dit, & demanda même à la veuve *grace au moins pour la voir quelsois*. *C'est tout ce qu'il se réserve*, ajouta-t'il, *& qu'il se flatte même de mériter par le soin qu'il prend de pourvoir à toutes vos commodités*. Hélas! repliqua-t'elle, c'est bien pour moi la plus petite de toutes les réparations. Ce n'est point par-là, ni par rien que je sache qu'il peut jamais mériter quelque chose de moi, mais par votre seule volonté. Le Prince fut charmé de cette réponse. Celle-là, & plusieurs autres, où la veuve, revenue de son grand trouble, ne marqua pas moins de sentimens que d'esprit, firent que le Prince la quitta cette soirée plus content & plus amoureux que jamais.

Après son départ, nous nous retirâmes aussi chacun dans nos appartemens, plus tranquilles & plus satisfaits que nous ne l'avions encore été. Pour moi, cela étoit sûr. Peut-être que me trouvant tout-à-fait bien, malgré la violence de mon dernier accès, cela y contribuoit; mais je crois pourtant que ma plus grande satisfaction venoit de pouvoir me délivrer avec la Veuve, de sa tante, dont la figure me déplaisoit de plus en plus. J'avois tellement cette délivrance à cœur, que je me levai de grand matin, & que selon que nous étions convenus, je fis éveiller la Veuve, qui laissant sa tante au lit, vint prendre le chocolat avec moi, & me donner les instructions qu'elle m'avoit promises. Dès qu'elle m'eut dit qu'il étoit temps, & que je trouverois infailliblement sa cousine dans sa boutique, je partis.

En effet, arrivé au Palais, je la trouvai sans beaucoup chercher, & qui plus est seule, comme je m'en étois flatté. Elle fut extrêmement surprise de me voir, & sur-tout de si bon matin. Mais ce fut bien autre chose, lorsque je commençai à m'acquitter de ma commission. A mesure que j'avançois, elle se pétrifioit. J'achevai pourtant, & terminai enfin par le sujet qui m'amenoit. Avant que de prononcer un seul mot, elle baigna un mouchoir de ses larmes, puis elle me dit avec peine : Voilà donc ce qui rendoit ma pauvre cousine si éplorée, lorsque je m'attendois, au contraire, à la trouver toute gaie. Cela même, dis-je, & dont elle n'osoit s'ouvrir à personne. Avouez, Monsieur, poursuivit-elle,

elle, qu'il y a là quelque chose de bien noir. De si noir, interrompis-je, que les voûtes de l'abyme ne le sont pas plus; mais avouez aussi que votre chère cousine, plus malheureuse que coupable, ne mérite pas qu'on l'abandonne. A Dieu ne plaise, s'écria-t'elle; je me ferois même un crime de ne pas retourner avec vous-même pour la consoler. C'est tout ce que je demandois; parce que la tenant une fois, il y avoit tout à parier qu'elle nous demeureroit.

Toute la grace qu'elle me demanda, fut d'attendre que sa fille de boutique vînt prendre sa place. Elle arriva presque aussitôt. Nous décampâmes sans différer, & montant dans le fiacre qui m'avoit amené, nous arrivâmes en diligence. Quand la Veuve vit sa cousine, elle pensa s'évanouir, sans qu'on sût de quoi. J'aurois dit de joie, si la prenant ensuite dans ses bras elle n'eût pensé l'étouffer en pleurant, gémissant, & s'abandonnant aux plus vifs symptômes de tristesse & de désespoir. Cette scène se calmant peu-à-peu, on entra en matière. Je craignois l'article de la demeure. Outre que je n'en avois parlé qu'en glissant, c'est qu'étant à demi morte de ma narration, elle pouvoit fort bien ne m'avoir entendu ni compris. Cela se trouva vrai ; mais, comme je l'avois prévu, elle se laissa gagner.

Je ne doute pas que l'amitié qu'elle avoit pour la Veuve sa cousine n'y eut beaucoup de part ; mais faisant-là le petit Abbé, je crois que je ne gâtai rien. J'étois sûr que quelque chose que j'avançasse, le Prince l'approuveroit. Je dis de mon chef à la cousine, qu'elle pouvoit abandonner sa boutique, & être sûre de n'en avoir jamais besoin. Vendez-là, ajoutai-je, ou plutôt remettez-là à Madame, en parlant de la tante de la Veuve ; qu'elle réunisse à la sienne, la vôtre & celle de sa nièce ; ce sera sa récompense, & je suis assuré que le Prince ne me dédira point. Pour vous, répétai-je encore à la cousine, la vôtre n'aura point de bornes. Si vous m'en croyez, attendez le Prince, écoutez-le, & comptez qu'il ne vous promettra rien que sa générosité n'aille encore au-delà.

Les choses demeurèrent sur ce pied, jusqu'à ce que le Prince arrivant les confirma. Il parut même de très-bonne heure,

& avant que nous nous y attendiffions ; mais outre que fon amour le preffoit, c'eft qu'apparemment il avoit réfléchi qu'il y auroit quelque chofe à régler avant le départ. Non-feulement il ratifia ce que j'avois dit à la coufine, mais pour arrhes il lui tira un diamant de fon doigt, qui valoit peut-être plus que toute fa boutique. Ce préfent acheva de la terminer. Pour la tante, le Prince s'en tint au réglement que j'avois fait. Contente ou non, elle n'eut rien de plus. A l'heure du départ, la Maîtreffe fe préfenta. C'étoit apparemment pour avoir auffi fon aubaine ; mais le Prince la voyant, me fit figne du doigt. J'approchai, & il m'ordonna de lui dire *que l'Abbé régleroit avec elle.*

Cela fait, nous ne fongeâmes plus qu'à partir. La tante & la nièce s'embrafsèrent, en pleurant pourtant. Le Prince, pour les confoler, leur dit, *qu'il ne tiendroit qu'à elles de fe voir quand elles voudroient, & qu'il ne prétendoit rompre aucune des liaifons de celle qu'il emmenoit ; moins encore la vôtre,* ajouta-t-il à la tante. *Venez voir votre nièce ; donnez-lui de vos nouvelles, & fur-tout ménagez bien fa délicateffe dans*

C ij

vos quartiers. Rien n'est plus aisé que de donner un bon tour, tant à sa retraite, qu'à celle de sa cousine. C'est quelquefois dans les moindres choses que se remarque l'étendue du génie. Qui voudroit le disputer, en trouveroit ici une preuve. Le Prince nous supposant aussi avisés que lui, ne prétendoit appuyer que sur ce que nous avions déja tramé; mais nous n'y avions pas seulement pensé.

Enfin nous partîmes, & sans bruit nous nous rendîmes à Surenne. La maison où nous descendîmes n'avoit au dehors rien de plus apparent que bien d'autres; mais en dedans c'étoit un vrai bijou, ou plutôt un enchantement. Les appartemens étoient d'eux-mêmes parfaitement bien taillés & disposés; il n'y avoit eu qu'à les orner; & outre que cela s'étoit fait par gens entendus & de bon goût, le Prince lui-même s'étoit donné la peine d'y venir donner son avis. Il avoit fait prendre, non-seulement de St. Cloud, mais du Palais-Royal, ce qu'il y avoit de plus magnifique & de plus galant, tant en meubles qu'en ornemens.

Tout d'ailleurs étant bien illuminé, la

Veuve & sa cousine furent éblouies de cet éclat. Grand Dieu ! s'écria la Veuve, je prendrois ceci pour un Paradis, si j'y entrois auſſi pure que ce ſéjour le demande. C'eſt le moins, repartit le Prince, que je prétends faire pour vous. Si vous n'êtes heureuſe, comptez, Madame, qu'il ne dépendra pas de moi. Outre ce que vous voyez, il y a ici, par proviſion, dix domeſ- tiques à vos ordres, & moi que certainement vous trouverez toujours le plus dévoué.

Je m'étois attendu de trouver-là l'Abbé ; mais pour ne pas troubler cette première entrée, le Prince l'avoit éloigné. Ne vou- lant pas que la Veuve ignorât rien de l'a- grément de ce ſéjour, il propoſa, en atten- dant le ſouper, un tour de promenade. Nous n'eûmes qu'à deſcendre quelques de- grés, & nous nous trouvâmes dans un magnifique parterre de fleurs, dont l'o- deur aſſuroit qu'il ne manquoit que le jour pour que les yeux fuſſent auſſi agréablement recréés que le nez. Plus loin nous trouvâ- mes un boſquet ; mais c'eſt ce qu'il nous falloit le moins, parce que dans nos diſ- poſitions de mélancolie, nous n'avions beſoin de rien qui pût la flatter. Cepen-

C iij

dant comme il y étoit, il y demeura, & devint notre plus douce galerie.

Le souper étant prêt, on vint nous l'annoncer. Gagnant la table, nous n'y trouvâmes pas moins de magnificence & de galanterie que dans tout le reste. J'y reconnus presque toute l'argenterie de St. Cloud. La Veuve l'admirant, le Prince lui dit: *C'est la vôtre, Madame, & s'il vous manque la moindre chose, vous n'avez qu'à parler. Comme vous êtes servie aujourd'hui, vous la serez toujours*; c'étoit à dire qu'elle auroit ce qu'il y avoit de plus délicat & de mieux apprêté; car tout étoit du choix de son Maître-d'hôtel, & du goût de son Chef de cuisine, qui encore, je crois, avoit eu ordre de se surpasser. En un mot, le Prince enchanté de sa Veuve, n'avoit cherché & ne chercha toujours qu'à l'enchanter elle-même. Cependant il n'y réussit jamais. Quand on a pris une certaine habitude, un certain goût pour la vertu, le charme, la douceur qu'elle répand dans l'ame, ne trouvent jamais à se remplacer.

De la table, le Prince conduisit la Veuve au lieu que son amour avoit sur-tout fait préparer pour en donner & pour le satisfaire.

Témoin de tout ce que sa vertu avoit souffert jusques-là, je le fus encore de l'effort qu'elle se fit, pour commencer comme de gré un commerce contre lequel son cœur se révoltoit. J'avoue pourtant que la nécessité n'étoit pas si grande, qu'elle n'eut pu s'y souftraire; mais il y a certains pas maudits, qui étant faits font fermer les yeux sur tout ce qui pourroit les redresser, ou du moins qui abattent tellement qu'on n'en a plus la force. La Veuve éprouva l'un & l'autre. D'abord elle ne vit d'autre route que celle du précipice; & dans la suite, accablée de l'avoir pris, elle succomba plutôt que d'y remédier.

Prête à se retirer avec le Prince, elle s'épouvanta, frissonna, comme s'il se fût agi d'aller à la tuerie. Prince, s'écria-t'elle, vous méritez, je l'avoue, plus de reconnoissance que vous n'en aurez de moi. Toute autre, animée de vos bontés, s'affermiroit & prendroit courage. Moi, tout au contraire, je le perds, je chancelle, & si je me soutiens, ce n'est encore que par le désespoir. *C'est peut-être aussi ce qui m'anime*, repliqua le Prince. *Il est sûr que vos charmes, dénués de vertu, n'en auroient* pas tant pour moi, à beaucoup près ; mais les sentimens qu'ils m'inspirent, sont si fort au dessus des loix, que cela même doit vous y mettre. Ajoutez qu'il n'y en a pas de plus sûre & de plus naturelle, que d'aimer qui nous aime. Cela posé, vous y êtes plus tenue envers moi qu'envers tout autre. Dans le cas où étoit la Veuve, les moindres choses plausibles déterminent. Elle tendit au Prince une main tremblante, & le suivit.

Trop passionné pour lâcher si-tôt prise, il passa sans interruption huit jours avec la Veuve. Les momens qu'il ne lui donnoit pas s'employoient à ordonner, & à régler tout. Enfin il nous quitta, pour aller se montrer à St. Cloud & à Paris. Je dis se montrer, parce qu'il ne coucha qu'une nuit dans chaque endroit, & qu'il vint aussi-tôt retrouver cette Veuve avec l'Abbé. Elle le vit, & revit, suivant la volonté du Prince, comme elle l'avoit promis, mais toujours avec une horreur qu'elle ne pouvoit dissimuler.

Malgré le peu de temps que le Prince étoit demeuré absent, nous ne laissâmes pas que de voir arriver le lendemain un attelage, & un carrosse magnifique, avec mille denrées pour la Veuve & sa cousine. Tout étoit du dernier goût. La Veuve le dit : & le Prince, pour faire auprès d'elle la cour de l'Abbé, lui en donna l'honneur. Ce même jour il acheva de régler ce qu'il n'avoit pas encore fait ; c'est-à-dire, sa marche, & les nouvelles qu'il vouloit donner & recevoir. Il arrêta qu'il viendroit trois fois par semaine, à moins qu'il n'arrivât quelque chose d'extraordinaire, & que les autres jours ne se passeroient pas, sans qu'on envoyât réciproquement savoir comment on se portoit.

Que feras-tu, toi ? me dit-il, en m'adressant la parole. *Je serois d'avis que tu retournasses à Paris ou à St. Cloud. Là tu seras plus à ton aise, & tu n'incommoderas personne.* Quoi, mon Prince, répondit la Veuve, ne vous souvient-il plus qu'il doit me rester ? Pour ses aises, il sait combien je m'empresse à les lui procurer, & cela même prouve qu'il n'incommode point. Hélas ! poursuivit-elle, je sens que je ne serai pas long-temps sans avoir plus besoin de ses soins qu'il n'aura des miens. Le Prince ne regardant ses dernières paroles que com-

C v

me des sons, répondit seulement, *que ce qu'il en avoit dit, n'étoit que pour s'assurer si nous persistions dans le même dessein ; que cela étant, il y consentoit avec joie.* La veuve charmée, autant que la circonstance le permettoit, remercia le Prince. Dès qu'il fut parti, nous fîmes, elle, sa cousine & moi, un réglement à part.

Nous arrêtâmes que les jours que le Prince ne viendroit pas, nous profiterions de notre équipage, pour nous promener au Bois de Boulogne, ou ailleurs : & que les jours qu'il viendroit, nous l'attendrions en mélancolisant dans notre Bosquet. J'ajoutai à cela, que quoiqu'elle ne voulût voir personne, je me flattois néanmoins qu'un de mes bons amis, dont je lui fis en même-temps l'éloge, pourroit venir quelquefois se concentrer avec nous. C'étoit de mon cher Chevalier qu'il s'agissoit. Elle ne consentit pas seulement sur le bien que je lui en dis, mais elle le souhaita. J'étois sûr en effet qu'avec le cœur bien fait & compatissant, il mélancoliseroit volontiers avec elle. Son amitié d'ailleurs me répondoit de tout. Il y avoit un siècle, me sembloit-il, que je ne l'avois vu. Inquiet de lui, & persuadé qu'il ne l'étoit pas moins de moi, je lui dépêchai vite un courier, & il accourut encore plus vite.

Arrivé, nous nous prîmes tendrement au collet, & nous nous serrâmes comme on feroit après une absence de dix ans. Le premier quart-d'heure se passa entre lui & moi. Il m'apprit qu'il avoit été me chercher plusieurs fois au Palais-Royal, à St. Cloud; & moi je lui dis en gros, pourquoi & comment il ne m'y avoit pas trouvé. Consolons-nous, ajoutai-je, puisque nous ne nous en verrons que mieux & plus à notre aise. Viens, & vois celle dont le sort t'intéresse déjà. Elle t'attend, & sachant que tu es-là, elle languit, je suis sûr, de voir si tu réponds à ce que je lui ai dit de toi. Nous allâmes. Voici, Madame, dis-je à la veuve en lui présentant le Chevalier, voici l'ami dont j'ai eu l'honneur de vous parler. Elle le reçut comme le sien propre. Si ce fut d'abord à ma considération, bientôt ce ne fut plus que pour lui-même. Il confirma si bien ce que j'avois avancé de lui, que la veuve me remerciant de sa connoissance, s'en flatta comme d'un bonheur.

Le Chevalier commença dès cette fois ce que nous lui fîmes promettre de venir régulièrement exécuter, c'est-à-dire, à nous tenir compagnie en l'absence du Prince. Nous résolûmes même d'en solliciter l'agrément, & ne doutâmes pas de l'obtenir. En attendant, il soupa avec nous, & je le menai coucher dans mon appartement, jusqu'à ce qu'on réglât le sien. Jusques-là nous ne nous étions presque pas entretenus en particulier. Nous passâmes la moitié de la nuit à goûter ce délice d'ami. Le Chevalier pénétré de l'histoire de la veuve, dont nous nous étions occupés tout le jour, commença encore par-là. Nous convînmes qu'il n'y avoit au monde qu'un Abbé du Bois capable des circonstances qui le regardoient. Nous nous réjouîmes sur-tout de ce que la plume lui étoit passée devant le bec ; & quoique la veuve nous répondît assez qu'il n'en tâteroit jamais que d'une dent, nous résolûmes d'entretenir au moins le mépris & l'horreur qu'elle avoit pour lui.

Le Chevalier m'apprit après cela comment il avoit passé son temps depuis que je l'avois vu, & me donna des nouvelles de tout son quartier. Ta Pouffette, me dit-il, est au désespoir. La visite qu'elle t'a rendue à St. Cloud, l'avoit déjà mise aux champs; mais n'ayant depuis reçu de toi aucun signe de vie, elle jure qu'elle va quitter le monde & se retirer dans un Couvent. Qu'elle le fasse, répondis-je, tu peux même l'y exhorter de ma part. Du diable, repliqua-t'il! Quoi, tu es si indifférent? Ce n'est pas par indifférence, repartis-je; mais parce que je crois qu'elle ne peux mieux faire que de se retirer du vice. Prends garde au moins, répondit le Chevalier; ma foi je ne lui tairai pas un mot de ce que tu me dis. Loin de cela, repliquai-je, ajoute-lui dans ce sens tout ce qu'il te plaira. A force de babiller, le sommeil nous prît, & nous tint jusqu'à ce qu'un laquais vint l'interrompre a l'heure que je lui avois marqué.

Etant levés, nous fûmes trouver la veuve & sa cousine. Le Prince nous surprit, & arriva même avant le dîner. Le Chevalier & moi nous étions retirés au premier bruit. Il voulut partir; mais je l'arrêtai, souhaitant auparavant de le voir agréer. La chose fut faite à mon insu &

sans que je m'en mêlasse. Nos Amans étant ensemble, & nous à nous promener, le Prince nous apperçut par les fenêtres qui donnoient sur le Jardin. *Comment diable*, s'écria-t'il en badinant! *qui vois-je donc là avec votre ami?* C'est un des siens, répondit-elle, qui l'est venu voir, & dont le commerce me paroît si accommodant, que je présenterois volontiers requête pour lui. Le Prince se doutant qui ce pouvoit être, avoit pris sa lorgnette, & reconnut celui qu'il avoit vu autrefois. *Requête, Madame!* reprit-il après; *c'est moi qui vous la présente; car c'est aussi un de mes amis.* Là-dessus le Prince nous fit appeller, & disant plusieurs choses obligeantes au Chevalier, il termina par le prier de venir nous voir le plus souvent qu'il pourroit. Nous nous retirâmes tout joyeux. Mon ami partit presque sur le champ, & promit de prendre ses mesures de façon que je n'aurois rien à lui reprocher.

Ce dernier réglement mettant le comble à tout, il me sembloit que nous allions jouir de la plus douce tranquillité. Mes accès périodiques m'obligeant chaque fois de me replier sur moi-même, je détestois le tumulte, & toutes les parties dont je n'avois pas même été exempt à St. Cloud. A présent, disois-je, le Prince au moins est fixé pour quelque temps. Il aime son objet, & d'une manière qui nous met à l'abri de ses ragoûts. S'il en cherche, ce ne sera pas avec nous ; & d'ailleurs, j'espère que je n'en serai point. Je raisonnois juste. Non-seulement le Prince goûta toujours assez sa veuve, pour n'avoir pas besoin de réveiller son appétit ; mais tant qu'elle vécut, il s'en tint à elle seule, & renonça à tout autre plaisir que celui qu'il pouvoit se procurer avec elle. On peut dire que cet amour fut peut-être le plus chaste & le plus rangé qu'il ait jamais eu dans ce genre. Tel est le pouvoir de la vertu, lors même qu'on ne fait qu'en approcher. Elle ne fixe pas seulement, elle bride pour ainsi dire les passions, & les renferme par sa présence dans certaines bornes.

Le Prince étant parti, & le Chevalier de retour, nous commençâmes à remplir le plan que nous nous étions formés. Dès le même jour nous fûmes nous promener au Bois de Boulogne ; & tantôt là, tantôt ailleurs, nous cherchâmes par-tout à nous distraire. Les jours que nous ne sortions pas, c'est-à-dire, ceux auxquels nous attendions le Prince, nous passions le temps, ou à mélancoliser dans le Bosquet, ou à recevoir un concert de la veuve, qui chantoit & jouoit également bien du clavessin. Quel dommage qu'une vie si tranquille ne durât pas plus long-temps ! Ce fut sur-tout une perte pour le Prince, qui peut-être se fut habitué, & auroit évité les désordres où il tomba dans la suite.

La veuve, malgré les attentions du Prince, malgré les nôtres, conserva à Surenne le poison qu'elle y avoit apporté. L'Abbé, sur-tout, chaque fois qu'il y paroissoit, lui en communiquoit une nouvelle dose. On pouvoit aisément le remarquer, ou dans le temps même, ou après. Elle en avoit toujours pour vingt-quatre heures à ne vivre, s'il est permis de le dire, que d'amertumes & de douleurs. Cependant elle résista les six premières semaines ; mais elle en fut surmontée à la fin, par le chagrin qui la rongeoit ; & nous la perdîmes en moins de quinze jours. Ce fut pendant ce temps-là, & sur-tout

tout vers sa fin, qu'on pouvoit voir à quel point le Prince l'aimoit. Il ne la quittoit presque pas d'un moment. Lui-même en prit soin, jusqu'à ce que les Médecins lui disant qu'il n'y avoit plus rien à espérer, il désespéra en effet, & partit. Je demeurai, par ses ordres, pour lui porter la nouvelle de sa mort. On l'attendoit d'un transport de cerveau, que ni saignées, ni vésicatoires n'avoient pu détourner. Enfin elle mourut, & je vis moi-même passer de cette vie à l'autre, une femme que je placerois volontiers dans le Martyrologe.

Ne demandant qu'à fuir, moi-même je montai dans le carrosse, qui servoit à nos douces promenades, pour aller m'acquitter de la triste commission que le Prince m'avoit laissée. Témoin de toutes ses foiblesses, je le fus encore d'un torrent de larmes qu'il répandit à la nouvelle que je lui apportois. L'Abbé paroissant sur ces entrefaites : *C'en est fait*, lui cria-t'il : *va au moins achever ton ouvrage, & faire rendre les derniers devoirs à cette innocente victime.* Il alla, & ne fit pas seulement ce que le Prince lui commandoit, mais il régla tout, & jamais nous n'entendîmes plus parler de Surenne.

Le Chevalier, qui pendant la maladie de la veuve & le séjour du Prince, avoit presque tous les jours fait le chemin de Paris à notre campagne, y alla pour la dernière fois. Apprenant qu'elle n'étoit plus, & que j'étois parti pour en donner la nouvelle au Prince, il vint me trouver au Palais-Royal. Nous nous affligeâmes ensemble de la perte que nous venions de faire. A celle-là, il en ajouta une autre. C'étoit Poussette, qu'il n'avoit vue depuis assez long-temps, & chez qui étant allé, on lui avoit appris qu'elle s'étoit retirée aux Madelonnettes. Dieu soit loué, lui dis-je, voilà en moins de rien deux grandes ames qu'il tire à lui. Consolons-nous, mon cher ami, puisque cela même nous prouve qu'il n'y a en lui aucune exception de personnes. Tu me fais rire, répliqua le Chevalier. Peu s'en faut que je ne m'imagine entendre Xavier, Apôtre des Indes, qui fit plus de conversions qu'il n'y avoit de pécheurs. Cette plaisanterie me fit rire à mon tour. Le Chevalier néanmoins vouloit que nous allassions voir

Pouffette, nous édifier, difoit-il, & nous régénérer avec elle. Je m'y oppofai, alléguant qu'il ne falloit pas la troubler, mais attendre, s'il fe pouvoit, que fes cheveux fuffent affez crus pour que nous lui en viffions effuyer fes larmes.

Au lieu d'aller, nous reftâmes. C'étoit d'ailleurs mon jour de fièvre. Bientôt elle me faifit; mais cet accès, malgré tout, fut fi doux, que je n'en continuai pas moins la converfation avec mon ami. Depuis quelque temps, je n'étois pas, à beaucoup près, fi maltraité qu'à l'ordinaire. Je m'en réjouiffois, efpérant fur-tout d'en être quitte pour l'hiver. Vois-tu? dis-je au Chevalier, le bon Dieu m'aime pourtant, puifqu'il femble vouloir me délivrer. S'il t'aime! affurément, repliqua-t'il; le châtiment qu'il t'a envoyé, n'eft que pour te rendre fes bienfaits plus fenfibles, pour te faire mieux goûter la fanté & tous les plaifirs de la vie. Belle morale, Monfieur le Chevalier! c'eft un refte apparemment de Monfieur Guiballi votre défunt Gouverneur. Vous feriez bien mieux de fonger à Pouffette, &, charmé de fa retraite, imiter fa pénitence. N'es-tu donc pas content, repliqua-t'il, de celle que je fais depuis si long-temps ? Pour ses beaux yeux, je me concentre, & vis en véritable fiévreux. D'ailleurs, si tu trembles, je frissonne, si tu brûles, je me consume ; & pour ton régime, je l'observe du moins aussi rigoureusement que toi. Qu'as-tu à dire à cela ? Parle. La chose étoit trop vraie pour que j'eusse le moindre mot à y opposer. J'en convins, & ajoutai seulement, qu'outre que cela ne se pouvoit sans un plaisir qui ne tenoit rien de la pénitence, j'étois persuadé que rien au monde ne pouvoit lui être plus salutaire.

À peine avions nous fini cette conversation, que Robillard entra & me dit que le Prince avoit déclaré qu'il iroit dès ce même soir coucher à St. Cloud. Depuis ma maladie je n'étois tenu à aucun service régulier. Mon petit camarade n'ayant rien de particulier pour moi, je demeurai tranquille. Le Prince partit, & accablé de douleur, alla s'absorber dans la retraite. Il ne fut pas seulement près de trois semaines sans retourner à Paris, mais il ne voulut même voir que les personnes qui lui étoient les plus familières. S'appercevant que je manquois, il me fit ordonner de joindre. Sans cela, peut-être serois-je demeuré au Palais-Royal à l'attendre de jour en jour; mais ses ordres arrivans, j'obéis sans délai.

Il y avoit quelque temps que je n'avois paru à St. Cloud. Ce séjour, enchanté par lui-même, n'étoit pourtant plus ce que je l'avois laissé. Le deuil répandu par-tout n'inspiroit que tristesse. Du Prince, il se communiquoit jusqu'au dernier des esclaves. En un mot, je fus si frappé de la modestie qui régnoit dans tout le Château, que je ne l'aurois peut-être jamais cru, si je ne l'avois vu. Pour donner lieu à cela, on peut aisément s'imaginer jusqu'où il falloit que le Prince fût accablé. Aussi l'étoit-il à un point, que le voyant je pensai verser des larmes. Il s'apperçut de l'émotion que son état me causoit. *Si tu m'en crois*, me dit-il, *tu prendras garde de n'être jamais amoureux. Mais comment ferois-tu? Moi-même, quoique je sentisse bien que j'aimois cette femme*, parlant de la Veuve, *je ne croyois pourtant pas l'aimer à ce degré, où la perte réduit presque au désespoir.*

L'Abbé présent, & qui avoit déjà plus d'une fois employé sa rhétorique à calmer la douleur du Prince, le fit encore. *Tai-toi*, lui dit-il, *je trouve cent fois plus de satisfaction & de douceur à m'affliger qu'à t'entendre.* Ces sortes de guérison en effet ne s'opèrent guéres par l'éloquence, mais seulement avec le temps; & c'est ce qu'il fallut au Prince. Peû-à-peu il s'ennuya lui-même de son état, & rentrant dans une assiette tranquille, il passa bientôt au tumulte des plaisirs, que sa passion pour la Veuve avoit interrompus. Heureux dans un sens & malheureux dans l'autre, je perdis de vue tout ce qui en arriva; c'est-à-dire, que ma fièvre, loin de me quitter comme je m'en étois flatté, continuoit toujours, & que sur l'avis des Médecins, le Prince m'offrit congé pour aller respirer l'air natal. Il m'en parla, lors même que je ne m'y attendois pas. Il le fit d'une manière si tendre & si obligeante, qu'il paroissoit moins que ce fût une grace qu'il m'accordoit, qu'une faveur qu'il me demandoit, pour aller au plutôt recouvrer ma santé, & en venir jouir sous sa protection. L'Abbé présent à cette offre, m'exhorta aussi par amitié d'en profiter. C'est ce que je promis de toute mon ame, ayant d'ailleurs un véritable desir de revoir ma famille.

Me retirant sur le champ, je fus du même pas prendre mes arrangemens. Le premier fut d'envoyer au Chevalier lui donner avis de ce qui se passoit. Je craignois, malgré la convention déjà faite de l'emmener avec moi, qu'il ne se trouvât des obstacles. C'étoit ma seule inquiétude, mais dont je fus bientôt guéri par l'arrivée de mon ami. Aussi réjoui que moi d'aller voir mes parens, & une campagne dans un pays qu'il n'avoit jamais vu, il me dit qu'il étoit prêt, ou le seroit du moins quand je voudrois. Quoi, lui répondis-je, & ton Génie ? Mon Génie, répliqua-t-il, est déjà prévenu. C'est ce qu'à tout hazard j'ai fait faire par mon petit homme, dès la première fois que nous en parlâmes ; & il m'a rapporté depuis, que sachant que je serois en bon lieu, on y consentoit. Tout ce qu'il y a de plus embarrassant, ajouta le Chevalier, c'est de joindre mon petit homme, pour lui dire qu'en effet je pars : mais avant que tous tes arrangemens soient pris, je compte de le trouver dans un lieu ou l'autre, & de ne te causer aucun retardement. Dépêche donc, lui dis-je, va, cours & reviens.

Mon ami me quittant sur le champ, je commençai à disposer tout. Si j'eusse été en santé, rien de plus court & de plus facile. Mais étant indisposé, & la saison du froid commençant déjà à se faire sentir, j'eus besoin de plus de précaution. J'avois même résolu de faire acheter une chaise de poste ; ou, sous prétexte de prendre congé, d'écrire à Mr. le Comte de J.... & lui emprunter la sienne ; mais j'appris par Robillard que mon généreux Maître m'en destinoit une. J'avois alors deux domestiques, c'est-à-dire, mon laquais ordinaire, & la Trompe, le fidèle valet de mon oncle, qui n'ayant pu trouver de Maître, s'étoit venu réfugier auprès de moi. Tous deux s'attendoient à me suivre ; mais n'en voulant qu'un, je gardai la Trompe, & plaçai mon plus ancien au service du Prince. Celui-ci, par parenthèse, est aujourd'hui un petit Seigneur, jouissant de plus de vingt mille livres de rente, tandis que son pauvre Maître, par le caprice d'un sort bien différent, se soutient à peine sous le poids de ses malheurs.

Je n'avois pas fini tous ces petits arrangemens, que le Chevalier arriva. Il n'avoit pas seulement reçu du petit homme son passe-port, mais encore une somme considérable pour ses menus plaisirs, & sous la seule condition de donner deux fois par semaine de ses nouvelles. L'adresse qu'il avoit reçue étoit originale, & mérite que je la rapporte : *A Monsieur Gabriël l'Ange, rue de la Monnoie, à Paris.* Nous en rîmes, mon ami & moi ; mais en y réfléchissant, nous jugeâmes que ce n'étoit qu'une adresse en l'air, & que le petit homme iroit lui-même chercher ses Lettres au Bureau général des Postes.

Le Chevalier, & moi, étant entiérement prêts, je ne songeai qu'à prendre mon audience de congé. Tout me le permettant, je fus trouver le Prince. Je crois que quand j'eusse eu l'honneur de lui appartenir par le sang, il n'eut pu me témoigner plus de tendresse & de regrets. Sur le point de me retirer, il me donna une magnifique tabatière, enrichie & ornée de son portrait. *C'est*, me dit-il, *pour te souvenir de moi. Va, ne songe qu'à te rétablir, & à venir au plutôt me retrouver.* Faisant une profonde & dernière révérence, je fus tout de suite trouver l'Abbé, & ceux de qui le devoir ou l'amitié m'obligeoient de prendre congé. Cela fait, je fus joindre le Chevalier & Robillard, qui m'attendoient ; & fur l'heure même je partis pour Paris. Je ne trouvai pas feulement une chaife de pofte prête à m'y mener, mais encore deux magnifiques chevaux de main, dont le Prince me faifoit auffi préfent. Robillard, qui avoit obtenu la permiffion de me conduire, prit les devans. Le Chevalier & moi entrâmes dans notre chaife, la plus commode qui fe foit jamais trouvée pour deux.

Arrivés au Palais-Royal, nous y fîmes notre premier gîte. Le lendemain de bon matin, nous nous rendîmes à la première pofte. Là nous embraffâmes tendrement Robillard, & il nous quitta, avec promeffe de nous donner régulièrement de fes nouvelles. Quoique nous n'euffions deffein d'aller qu'à petites journées, je laiffai à la Trompe mes deux chevaux de main, que je favois n'être pas les moindres de l'écurie, & lui ordonnai de les ménager fi bien, qu'il me les rendît tels que je les lui remettois. D'ailleurs, le Chevalier avoit fon laquais, & un feul nous fuffifoit. Enfin, nous entrâmes dans notre chaife, & en

Gouverneurs de Province, nous nous mîmes à faire route. A l'exception de la fièvre, je n'en fis peut-être jamais de plus agréable. Mon ami, enjoué, ne cherchoit qu'à me divertir; & moi, dans l'attente d'embrasser bientôt père, sœurs & amis, je ne demandois qu'à l'être. Quoique prévenus que je pourrois les aller voir, ils n'en étoient pourtant pas assurés, & je me faisois sur-tout une fête de les surprendre.

Prêts d'arriver le cinquième jour, je fis prendre les devans au laquais du Chevalier. Va, lui dis-je, & annonce-nous comme deux Seigneurs qui demandent le gîte en passant. Cela fut si bien exécuté, qu'en arrivant nous trouvâmes mon père à la porte de sa basse-cour, qui nous attendoit pour nous recevoir. J'avois résolu, en cas que nous n'y trouvassions qu'un domestique, de lui faire d'abord introduire le Chevalier; mais voyant là mon père je sautai le premier en bas de la chaise, & me précipitai dans ses bras. Il avoit peine à en croire & son cœur & ses yeux. Persuadé à la fin, il me pressa de toutes ses forces, & s'écria: mon fils, mon cher fils, c'est donc toi que je revois! Malgré l'attention que demande doit le Cavalier que j'amenois, il ne fut capable de lui en prêter aucune, jusqu'à ce que son amour fut satisfait. Alors il se tourna vers mon ami, l'embrassa, & nous mena tous deux au lieu où la nature me préparoit une nouvelle scène de tendresse. Grand Dieu! qui à ma place se seroit jamais imaginé autre chose! J'avois dessein de surprendre, mais quel spectacle frappant ne me surprit pas moi-même! On s'étonnera peut-être que je n'en sois pas mort.

Parvenu au corps de logis, nous fûmes tout droit à l'appartement de mes sœurs. Elles se levèrent au bruit. Je me cachai derrière mon père, & me montrant tout-à-coup, elles pensèrent de tomber de frayeur & de joie. Toutes deux m'ayant embrassé avec transport, une Demoiselle que je n'avois pas même encore apperçue, se présenta, & me sautant au col, m'embrassa avec autant d'ardeur pour le moins & de tendresse que mes sœurs. Il commençoit à faire obscur. Etonné, je pris galamment cette Demoiselle par la main, & la conduisis près des fenêtres, pour voir qui elle pouvoit être. Cependant j'entendois mes sœurs qui chuchilloient & rioient. J'examinai cette belle personne ; je la considérai, mais inutilement. Honteux en quelque sorte, je lui dis: pour cela, Mademoiselle, qui que vous soyez, je découvre bien en vous mille attraits, mais rien qui me rappelle l'honneur de vous avoir vûe.

Mes sœurs s'approchant, me prièrent d'examiner encore. Je le fis, avec la dernière attention, & si fixement, que la Demoiselle ne put y tenir. Elle s'échappa, & courut se jeter à l'obscurité sur un sopha. Je galoppai après. Pardon, lui dis-je, si je vous ai obligé de vous éloigner ; mais pardon mille fois, si ayant jamais eu le bonheur de rencontrer tant de charmes, il se peut qu'il ne m'en soit demeuré aucune trace. J'avouerai pourtant que le cœur me dit bien quelque chose : ce que c'est je n'en sais rien ; mais pour peu que vous l'aidiez, je suis persuadé qu'il s'expliquera. Mon père étoit à divertir le Chevalier de l'embarras qui m'occupoit. Mes sœurs y prenant un singulier plaisir, me railloient, ou plutôt me désoloient, en me reprochant d'avoir laissé si absolument effacer de mon esprit un objet qui avoit même su me charmer autrefois. Charmer, leur repliquai-je ! j'ai dû l'être, puisque je le suis encore ; mais c'est trop d'énigmes ; expliquez-les, je vous en conjure. Quoi, s'écria ma sœur cadette, vive & enjouée, tu ne reconnois pas Ferdinande, ta chère cousine de jadis ? C'est elle, elle est ressuscitée. Frappé jusqu'au fond d'une vérité que le cœur me dévoiloit, malgré les obstacles de ma raison, je tombai presqu'immobile sur le sopha même où elle étoit. Oui, mon Dieu ! c'est elle, m'écriai-je en levant les mains au Ciel. Je n'eus pas la force d'en dire davantage. J'allois m'évanouir, si chacun prenant son flacon d'essence ne m'en eût secouru.

Revenu de ma première émotion, je me tournai vers l'objet qui l'avoit causée. Miraculeux à tous égards, je me jetai à ses genoux, & les mains jointes j'achevai de convaincre ma raison par mes yeux. Forcé de les en croire, je m'écriai derechef : Oui, c'est vous, ma chère cousine ! je ne puis méconnoître ces traits qui m'ont déjà percé : mais quel miracle ! apprenez-moi, je vous prie, le mystère de tout cela. Mon père voulant abréger une scène qui m'épuisoit, & dont il craignoit les suites à cause de mon état, me prit par la main. Lève-toi, me dit-il, on t'apprendra à loisir ce qui t'inquiette, & ton Précepteur qui va paroître le pourra mieux que personne. Ce fut un malheur que lui, qui me connoissoit aussi mieux qu'aucun, ne fût point-là pour ménager cette circonstance. Il étoit allé avec mon frère cadet guetter le lièvre à la rentrée. Avant qu'ils arrivassent, la fièvre que je n'attendois pas me surprit avec violence, & je ne les vis que le lendemain au lit.

Mon accès ne fut pas seulement accéléré d'un jour, mais à peine m'eût-on conduit malgré moi dans un lit, que je fus attaqué d'un transport qui me dura toute la nuit. Mon imagination frappée de mort & de résurrection, ne voyoit autre chose. Je mourus, & vis mourir après tous mes parens & amis. Je les fis tous enterrer, & m'enterrai moi-même avec ma cousine. Ensuite nous ressuscitâmes, & me trouvant à la Vallée de Josaphat, j'apperçus ma mère dans la foule, qui nous cherchoit, me sembloit-il, & à qui je criois de toute ma force: Ici, ma chère mère, ici! Vivat! nous ne mourrons plus. Voilà les sottises que mes gardiens, qui les avoient entendues, m'aidèrent à rappeller à mon réveil, & qui

D iv

prouvent ce que peuvent sur l'esprit les sens affectés. Soit en veillant, soit en dormant, ils portent par-tout le déréglement, si on ne s'applique à les moriginer.

La première visite que j'eus le lendemain, fut du Médecin que mon père m'amena. Cet homme étoit sur-tout expérimenté dans les fièvres, & habile à les guérir. Il jugea la mienne des plus tenaces, & promit néanmoins de l'extirper, si je voulois suivre ses conseils. J'étois si rebuté de tant de pareilles promesses, qui n'avoient point eu de succès, que je remerciai mon Médecin. Je le congédiai même, lui disant que par une bonne consulte, & de l'avis de Monsieur le Duc d'Orléans, j'étois résolu de laisser agir la nature, sans la fatiguer d'aucun remède. Saisi de respect pour mes autorités, il me fit une profonde révérence, & se retira. Cependant dans la suite, obéissant à mon père, je me mis entre les mains de ce Médecin, & par le Quinquina, bien préparé, il me tira d'affaire.

Après cette visite, j'eus celle de mon frère & de mon Précepteur, que j'embrassai tendrement. C'est là que celui-ci m'apprit le tour qu'il m'avoit joué à l'égard de

ma cousine. Est-il possible ? m'écriai-je !
Oui, repliqua-t'il ; & après ce qui arriva
hier, & que j'eusse prévenu si je m'y étois
trouvé, je crains bien que vous n'ayez
encore besoin de mes conseils. Cela se
pourroit ; mais jamais, s'il vous plaît, rien
qui approche du service que vous avez
prétendu me rendre. Qui sait, comme
vous le voyez, s'il ne me sera pas mortel ? Mais en tout cas, je ne crois pas
que je résistasse à un autre de pareille
nature.

On avoit exprès envoyé mon Précepteur seul avec mon frère, pour causer &
m'entretenir. Jugeant qu'il pouvoit m'a-
voir tout dit, le Chevalier entra galamment avec ma cousine & mes sœurs. C'est
ce que j'attendois, pour me dédommager
un peu de la mauvaise nuit que j'avois passée. Ranimé & réjoui sur-tout à l'aspect
du cher objet de mon ame, ils n'eurent
pas besoin de s'informer de ma santé. J'en
marquois tant, qu'ils en furent étonnés,
& que mon Précepteur, toujours prudent,
m'avertit de me modérer. De pareils conseils d'un homme grave & expérimenté,
à un jeune homme vif & sans expérience,

font, je l'avoue, bien plus aisés à donner qu'à suivre. Mais que la jeunesse seroit heureuse, si elle savoit mettre à profit les acquis de la maturité & de la vieillesse !

Le Chevalier, à qui l'on avoit fait l'histoire de mon amour enfantin pour ma cousine, se mit à plaisanter sur la ruse dont mon Précepteur s'étoit servi pour m'en guérir. C'étoit bien, dit-il, le meilleur spécifique, & peut-être le seul efficace. Hélas, que ne disoit-il moins vrai ! mais l'avenir ne le prouva que trop, & je n'étois pas même à sentir que la crise qui m'avoit mis au lit, n'étoit pas tant l'effet d'un étonnement subit, que d'un feu mal éteint & caché sous la cendre, & brûlant plus que jamais. Ferdinande, c'est ainsi que je nommerai cette cousine dans toute la suite, n'étoit pas seulement née pour charmer mon enfance, mais encore pour m'enchanter toute sa vie, & faire de la mienne un tissu de traverses, d'alarmes, & finalement de regrets qui me consument. C'est le terme ordinaire d'une passion qui ne consulte point la raison.

Quoique dans mon lit, & fort mal à mon aise pour la contempler, je m'étonn'ai néanmoins de l'avoir méconnue la veille. En deuil de son père, comme elle l'étoit de sa mère la première fois que je l'avois vue, c'étoit précisément en grand ce que j'avois vu en raccourci. Toute la différence n'étoit qu'un développement, qui à la vérité l'avoit formée ou changée en divinité. Comment, disois-je en moi-même, ne pas la croire immortelle, plutôt que morte ou ressuscitée? Hors d'elle l'Univers ne peut avoir rien de pareil. S'il y avoit de l'hyberbole là-dedans, je n'en ai pas été seul coupable : & plût à Dieu de l'avoir été ! j'aurois du moins goûté une sorte de paix que je n'eus jamais.

Ayant reçu toutes ces visites, je me levai, & allai moi-même chercher & jouir des douceurs que m'offroient le sang & l'amour. Je m'y livrai tout le jour, à l'exception d'un quart-d'heure que je ménageai pour l'amour seul, c'est-à-dire, pour m'entretenir avec Ferdinande, qui déjà ne pouvoit douter de m'être aussi cher que lors qu'elle n'étoit pas ma petite cousine. Il n'en étoit pas de même de moi. Non-seulement tous les témoignages de tendresse que j'avois jamais reçu d'elle m'étoient équivoques, mais une certaine retenue que j'avois remarqué depuis le matin, m'intriguoit encore tout-à-fait. M'aimer, disois-je, ce n'est pas le tout, il faut que je sache sur quel pied.

Pour cet effet, je proposai sur le soir une partie de promenade. Nous fûmes dans le jardin. Au bout étoit un verger, & ce fut-là que je m'expliquai.

De tous, j'étois le seul qui eût quelque dessein. Chacun s'égarant, sans y penser, pour cueillir les fruits que laissoit encore la saison, je fis comme les autres, mais sans perdre de vue ma chère Ferdinande. La voyant seule, & même à rêver, je m'avançai. J'étois à ses côtés avant qu'elle m'eut entendu. M'appercevant, elle fit un cri. Vous m'avez fait peur, me dit-elle. Où sont les autres ? Allons, cherchons-les. Ce n'étoit que pour éviter ce qu'elle prévoyoit. Mais quelle apparence! Cette fois ou une autre pouvoit-elle m'échapper.

Trop inquiet pour différer, je lui pris la main, lui passai le bras sous le mien, & sûr d'elle, je commençai d'entrer en matière. A peine eus-je ouvert la bouche, qu'elle voulut se dégager. Non, non, lui dis-je, je ne suis pas si foible que vous le pensez, ou si je le suis, ce n'est pas de ce côté. Il faut m'écouter, & qui plus est parler vous-même, & décider de mon sort. Quel langage, me répondit-elle; vous badinez sans doute ? Moi, badiner ? m'écriai-je. Sur quoi fondé cette conjecture ? Est-ce sur le danger où je suis encore de mourir, percé de vos traits ? C'est ce qui va arriver, non-seulement si vous ne m'écoutez, mais encore si j'apprends que vous ne m'êtes pas favorable.

Quoique je ne l'observasse qu'en profil, je ne laissai pas de remarquer un embarras de bon augure. Voulant la déterminer, je me tournai tout-à-fait vers elle, & la conjurai de m'éclaircir sur les sentimens qu'elle m'avoit marqués jusqu'alors. Que veut dire cela ! me dit-elle. Je vous prie, laissez-moi aller. Je n'en ferai rien, repliquai-je, lui tenant toujours la main, & la lui baisant avec ardeur. Elle faisoit encore de nouveaux efforts pour s'échapper. Je me plaignis amèrement, & lui dis: N'ai-je pas raison de douter que vous m'aimiez, du moins de la manière que je vous aime, puisque vous ne demandez qu'à fuir? Prenez y garde. Ceci, que vous appellez badinage, l'est si peu pour moi, qu'il deviendra tragique si vous ne le finissez. Le temps presse, continuai-je: au nom de Dieu, Ferdinande, apprenez-moi si vos sentimens répondent aux miens.

Après ce qui lui étoit revenu de mon ancienne passion pour elle, ce qu'elle en avoit vu elle-même, & ce qu'elle en voyoit, elle jugea bien qu'il y auroit en effet du danger à ne pas satisfaire l'inquiétude que je marquois. D'ailleurs ce n'étoit que violence de sa part. Cette violence se changeant tout-à-coup en pitié & tendresse, elle franchit les loix que le sexe impose en pareil cas. Que voulez-vous savoir, me dit-elle, si je vous aime? Dieu le sait, & que bien différente de vous, vous n'avez jamais été un seul moment, pour ainsi dire, absent de mon esprit. Ces paroles & l'air dont elle les accompagna, me pénétrèrent si vivement, que je tombai à ses genoux pour les embrasser, en signe de reconnoissance & de remerciment. Levez-vous, reprit-elle, j'entends la troupe. En effet, chacun s'étant réuni, on alloit nous surprendre, si le bruit ne nous avoit prévenu. L'entendant comme elle, je me levai, & remettant cet entretien à une autre fois, nous allâmes au devant de la compagnie, & la joignîmes.

Content au-delà de toute expression, chacun s'en apperçut, & mon père lui-même, dès que nous fûmes rentrés. Toute la crainte qu'avoit donné ma crise se dissipant, nous commençâmes à goûter mieux que nous n'avions encore fait le plaisir de nous revoir. Pour moi, je m'abandonnai sans réserve à la joie commune. N'étant pas en état de procurer moi-même au Chevalier les plaisirs de nos cantons, je le remis aux soins de mon père, de mes sœurs & de toute la famille. Il protesta que sans souhaiter rien de plus, il s'en tenoit à ceux qu'il goûtoit depuis son arrivée.

Mes sœurs n'étoient point déchirées. La cadette, sur-tout, malgré mon inquiétude amoureuse, m'avoit paru dès ce jour-là être assez du goût de mon ami. C'est ce qui contribuoit à le rendre si honnête & si poli: nous l'en remerciâmes néanmoins, comme si tous avoient eu la même part à son compliment. Cependant comme il m'importoit de ne l'avoir pas toujours-là,

& que je voulois même qu'il servît à me débarrasser des importuns qui pouvoient retarder le desir que j'avois d'un second entretien avec ma chère Ferdinande, je lui dis de se préparer pour aller le lendemain reconnoître les environs.

J'aurois eu de la peine à obtenir ce que je proposois, si le conduisant moi-même à son gîte, je ne lui avois appris de quoi il étoit question. C'est donc, Monsieur, me dit-il, pour servir à vos amours que vous m'avez amené? Et les miennes, que deviendront-elles pendant ce temps-là? Les vôtres! m'écriai-je. Quoi, déjà! Oui sans doute, repliqua-t'il; & à moins que tu ne promettes de me servir à ton tour, je te laisse dans l'embarras. Voyons, lui dis-je, pourvu que ce ne soit pas contre moi, je suis tout à toi. Il finit le badinage, en m'apprenant ce dont je m'étois apperçu, que ma sœur cadette lui revenoit fort, & que, rien n'en déplaise aux environs, il étoit très-assuré de n'y rien trouver d'aussi charmant qu'elle. Fort bien, repliquai-je; mais si vous me croyez capable d'opérer quelque chose à votre bonheur, pour m'y engager, vous vous prêterez, s'il vous plaît, dès demain à ce que je vous demande pour le mien. Il me le promit, & je le laissai se mettre au lit pour aller en faire autant.

Le lendemain, je lui fis tenir parole ; mais pour la lui tenir moi-même, je disposai si bien les choses, que mes sœurs, & par conséquent la cadette, furent de la partie qu'on forma. Plus j'éloignois de monde, & plus j'accommodois mes affaires. J'obtins donc que toute la maison, excepté Ferdinande, qui réellement ne se trouvoit pas bien, sortiroit, & iroit dîner chez un Gentilhomme, parent, qui étant venu nous voir la veille, nous avoit invités. Il faisoit le plus beau temps du monde. On partit, & les malades demeurèrent pour se tenir compagnie. Quelle satisfaction ! Quelles délices !

N'ayant d'importuns que les domestiques, qui encore ne pouvoient l'être, nous nous retirâmes, Ferdinande & moi, dans notre particulier. Là nous commençâmes une scène inépuisable de protestations & de tendresse. De quoi m'avez-vous soupçonnée, me dit-elle, de ne vous aimer qu'à la mode, apparemment ?

Hélas! j'eusse été heureuse, non pas de vous croire au tombeau, mais d'y avoir été réellement pendant tout le temps que vous le pensiez. Mon père seul pourroit rendre témoignage des inquiétudes que m'a causé votre absence, de la part que j'y ai pris, des larmes que je versai lorsque j'appris de lui pourquoi je n'entendois plus parler de vous, & le cruel stratagême dont on s'étoit servi pour m'effacer de votre esprit. Chaque fois que je le voyois, c'étoit toujours à recommencer; & lorsqu'en dernier lieu il me dit qu'il alloit à Paris passer l'hiver auprès de vous, je voulois le suivre & vous aller trouver avec lui.

Je vous fais tous ces aveux, continua-t'elle, à présent que le Ciel nous a rejoints, comme je l'en ai cent fois prié. Ma crainte là-dessus étoit mortelle. J'ai voulu plus d'une fois vous écrire, mais on m'en a toujours empêchée. Qui sait, disois-je, s'il ne s'habituera pas tellement à me croire hors de ce monde, que je ne lui paroîtrai plus à tous égards qu'un phantôme lorsqu'il s'agira de nous revoir? Qui sait même, si tandis que je ne vis que pour lui, quelqu'autre n'occupe point ma place, & ne me bannit pas plus mortellement de son cœur, que je n'aurois jamais eu à craindre de la ruse de son Précepteur ? Voilà les inquiétudes qui me déchiroient, sur-tout depuis quelque temps, & dont vous êtes venu enfin me délivrer. C'étoit, poursuivit-elle, ce qui me travailloit encore hier au moment que vous me surprîtes dans le verger ; & la résistance que je marquai, n'étoit qu'une violence, dont la tendresse, comme vous vîtes, prit bien-tôt la place.

Quoi, m'écriai-je après l'avoir écouté, & ravi pour ainsi dire de corps & d'esprit, quoi, est-ce bien vous, est-ce bien moi ? Se peut-il un bonheur si parfait ? Je n'ose quasi le croire. S'il ne faut que vous en convaincre, interrompit-elle, tenez, ouvrez cette Lettre qui s'adresse à vous & lisez. Je l'ouvris en effet, & reconnus d'abord le caractère. Il étoit de mon oncle, son cher père. Je lus, & ne trouvai pas seulement dans cette Lettre la confirmation de tout ce que Ferdinande venoit de me dire, mais encore une tendre exhortation d'en user avec elle comme il en avoit usé avec moi ; que sachant à quel point elle m'aimoit, & que son bonheur dépendoit de moi, il me la recommandoit à jamais. Je ne pus achever cette lecture sans verser un torrent de larmes. Ferdinande s'inondoit aussi. J'employai pour la consoler, & moi avec elle, tout ce que l'amour & le sang purent me suggérer. Je lui jurai un attachement éternel. J'offris de lui sceller cette promesse de tout mon sang; mais nous, nous en tînmes réciproquement aux pleurs que nous versâmes, & que nous n'interrompîmes que par l'entrée d'un laquais qui vint nous annoncer le dîner.

Après nous être essuyés & remis, nous allâmes tête-à-tête nous mettre à table. Seuls au dessert, Ferdinande m'apprit pourquoi & comment son père lui avoit laissé la Lettre que je venois de lire. L'étant venu voir, selon sa coutume, avant que d'entrer en campagne, & toujours frappé de son triste pressentiment, il l'avoit tirée du Couvent pour la mettre avec mes sœurs, où elle se souhaitoit depuis long-temps. Prêt à partir, & après l'avoir recommandée à mon père pour en faire un jour sa bru, il l'avoit prise en particulier. J'ai promis, lui avoit-il dit, de donner, quoi qui arrive, de mes nouvelles à votre cousin. Voici une Lettre que vous lui remettrez de ma part, selon les circonstances. Je suis persuadé qu'il y aura égard, du moins elle sert à ma satisfaction, & peut être utile à la vôtre & à la sienne. Alors je me ressouvins de ce qu'il m'avoit dit, que je recevrois de ses nouvelles, même après sa mort : je le dis à Ferdinande, dont les larmes recommencèrent. Dans le fond ce père avoit toujours eu pour elle une tendresse au-dessus de l'ordinaire. Elle alloit même jusqu'à la foiblesse, & on en trouvera peut-être une marque dans cette précaution qu'il prit en faveur de l'attachement que sa fille avoit pour moi. Ce fut un véritable malheur, qu'après avoir échappé à tant de campagnes, il périt à celle-là. Il eût pu, par la paix qui survint, vivre assez long-temps pour diriger les choses au bonheur qui nous échappa.

Quittant la table, nous fûmes nous récréer à la promenade. Il sembloit quasi que j'aurois dû être épuisé. Point du tout. Je recommençai avec Ferdinande un entretien qui ne fut guères moins vif & tendre qu'il l'avoit été jusques-là. Si quelqu'un s'en étonne, c'est qu'il n'aura jamais éprouvé que lors même que la nature affoiblie ne laisse aucun goût, aucune sensation, ni force pour la spéculation même du vice, elle en fournit abondamment aux transports que permet la vertu. Je dirai même que plus on s'est écarté du droit sentier, & plus quelquefois l'ardeur est grande quand la Providence nous y remet. Quelle différence des doux charmes de la conversation de ma chère Ferdinande, avec les plaisirs grossiers qui m'étoient revenus du commerce de Poussette ! La seule vue d'un chaste objet que l'on aime, remue, satisfait plus que la possession de tout autre, qui faisant métier de plaire, plairoit en effet. Voilà ce que j'éprouvai toujours à l'égard de Ferdinande. Après nous être assez promenés, nous rentrâmes. Bientôt nous vîmes paroître mon père & sa suite, dont l'absence avoit été pour nous si agréable.

Pleins de joie, de part & d'autre, nous ne cherchâmes qu'à la continuer. La Trompe, qui arriva presqu'en même-temps avec mes deux magnifiques chevaux, mit mon père au comble de la sienne. Il parut plus sensible à ce témoignage de la bienveillance de mon Maître, que je ne l'avois été moi-même. Occupé de mon amour, c'eſt de quoi je l'avois le moins entretenu. Voyant le plaiſir que cela lui faiſoit, j'en pris un ſingulier à lui raconter toutes les marques que j'avois reçues de la bonté du Prince ; je n'oubliai pas, ſur-tout, de tracer ſon portrait. Lorſque mon père l'examina, je le vis prêt à verſer des larmes de joie. Ceci, me dit-il, ſurpaſſe tout, & confirme plus que je n'oſe en croire. Tâche de te rendre digne d'une faveur ſi diſtinguée. Hélas ! s'il eût ſu ce qui juſques-là me l'avoit le plus mérité, une juſte horreur, au lieu de la ſatisfaction qu'il y trouvoit, la lui eût ſans doute fait déteſter. Je n'avois garde de toucher cette corde ; ma vanité n'en auroit pas été trop flattée. C'eſt cette malheureuſe vanité qui perd en partie les jeunes gens. Elle les empêche, non-ſeulement d'ouvrir le cœur aux bons avis qu'ils pourroient recevoir, mais elle ferme encore ordinairement les oreilles à ceux qu'on leur donne. Pour peu qu'un mauvais train ait de brillant, c'eſt un double penchant qui les entraîne & les aveugle ſur le précipice.

Mon arrivée se publiant dans tous les environs, & ma maladie m'empêchant de sortir, j'eus successivement la visite de tous les Gentilshommes de ma connoissance. Pendant quinze jours, ce ne fut que fêtes & banquets au logis. J'en étois las, & surtout de ce que cela me privoit de mille douceurs que j'aurois pu goûter avec Ferdinande dans le particulier. Pour me les procurer, j'engageai le Chevalier à rendre pour moi toutes les visites que j'avois reçues. C'est ce qu'il fit, tantôt avec mon père, tantôt avec mon frère, & quelquefois même avec mes sœurs. Comme on savoit que Ferdinande me tenoit lieu de tout, on me la laissoit sans difficulté : je dis sans difficulté, parce que mon père lui-même, se plaisoit à voir notre union, que du vivant de mon oncle ils avoient ensemble résolu d'accomplir.

Ferdinande, fille unique, n'étoit pas moins favorisée de la fortune que de la nature. Elle auroit pu prétendre aux partis les plus distingués de la Noblesse : mais nos pères, par amour pour nous, s'étoient donné réciproquement parole de ne chercher notre bonheur qu'en nous-mêmes. Si
je

je n'avois pas déja été informé de ces flatteuses dispositions, c'est qu'on ne vouloit pas que je négligeasse ce que je pourrois acquérir d'ailleurs. C'est à quoi Ferdinande n'étoit pas insensible. Il le falloit; puisque malgré ses craintes, c'étoit toujours par là qu'on l'avoit empêchée de me donner de ses nouvelles. Pourquoi ne le fit-elle pas ? Pourquoi céda-t'elle toujours à cette idée ? C'est que le sort vouloit sans doute que nous ne fussions jamais heureux qu'en perspective.

Pendant que le Chevalier s'acquitta de la commission à laquelle je l'avois engagé, j'eus tout le temps de me satisfaire, si j'avois pu l'être avec Ferdinande. Cependant nous entrâmes dans l'hiver, & mon ami qui ne trouvoit pas meilleure compagnie qu'au logis, s'y renferma. Pour la divertir, & nous avec lui, j'envoyai inviter, tantôt l'un, tantôt l'autre, à nous venir voir. Il n'y avoit personne qui ne s'empressât à répondre à mon invitation. Attirés par la bonne compagnie, le Chevalier, mes sœurs, Ferninande, & le reste, chacun vint bientôt de soi-même, & notre Gentilhommière, fut le rendez-vous des ris &

des jeux de toute la Nobleſſe du quartier. A peine trouvions-nous le temps, mon ami & moi, de répondre à nos correſpondans de Paris. Ce n'étoit, pour ainſi dire, que bals, fêtes & cadeaux. Enfin nous paſſâmes le plus agréable hiver du monde; & malgré ma fièvre, je ne fus pas un de ceux qui goûtèrent de moins bons intervalles. C'eſt beaucoup dire; car ma ſœur aînée trouva dans toutes ces aſſemblées un Amant qu'elle épouſa, & ma cadette prit tant de goût pour le Chevalier, & lui pour elle, qu'ils en euſſent volontiers fait autant, s'il avoit plû aux deſtinées. Pour moi, toujours malheureux, & appellé à payer au centuple les plaiſirs même les plus innocens, je ne trouvai qu'un rival, qui bientôt me cauſa les plus grands troubles.

Le printemps offrant de nouveaux plaiſirs, chacun profita de la variation, & s'arrêta chez ſoi à la goûter. Le Chevalier, preſſé par ſon petit homme, fut auſſi obligé de retourner à Paris y faire une apparition. C'étoit quelque choſe de pitoyable, que de voir la peine avec laquelle il s'arracha du ſein de notre famille. Il pleura, sanglota, plus qu'il n'avoit fait dans toute sa vie. Nous de même ; car du petit au grand, chacun l'aimoit. Mes sœurs même souffroient qu'à mon imitation il les qualifiât de ce doux nom. C'étoit bien en effet une douceur pour lui, & telle qu'il ne l'avoit jamais trouvée nulle part. Prêt à partir, nous l'embrassâmes tous. Adieu, lui dimes-nous. Consolez-vous, & pour nous consoler nous-mêmes, revenez le plutôt que vous pourrez. J'en étois sûr, & ma sœur cadette pour le moins autant, quoiqu'elle ne pût le voir partir, & qu'elle s'étoit retirée quelque part, peut-être pour le pleurer.

Ne sachant que faire, pour ainsi dire, après son départ, & ennuyé d'ailleurs de ma fièvre, ce fut alors que je cédai aux instances que me faisoit tous les jours mon père, pour user des remèdes de son Médecin.

On l'envoya chercher ; il vint, & commença à m'administrer son Quinquina. Malgré le discrédit où ce frébrifuge est tombé depuis long-temps, il me tira d'affaire en moins de six semaines, & sans aucune suite mauvaise. Je crois que si cela s'étoit opéré tout d'un coup, je ferois mort de joie. J'en juge par celle que me causa par degré la diminution de mes accès. Chaque prise de mon remède y portoit coup. A la fin j'en fus quitte, & jamais de la vie je ne donnai cinquante louis de meilleur cœur, qu'au Médecin auteur de ma délivrance.

Mon père, qui marquoit pour cette fièvre plus d'inquiétude encore que moi, ne se réjouit pas moins de ma guérison. Toute la famille y prit une véritable part, & sur-tout Ferdinande, qui s'imaginoit à chacun de mes accès de me voir partir pour l'autre monde. On proposa, en signe de réjouissance, une fête solemnelle. Elle fut résolue; mais comme nous attendions le Chevalier, & que nous nous étonnions même qu'il ne fût déjà arrivé, on jugea d'une commune voix de différer jusques-là. Huit ou dix jours après il arriva. Ce cher ami, transporté de nous revoir, & sur-tout d'apprendre que j'étois guéri, nous fit craindre lui-même pour sa santé.

Après nous être abandonnés réciproquement à une joie peu ordinaire, je lui demandai des nouvelles de Paris, & priscipalement de la Cour de mon Maître où je l'avois prié d'aller. J'ai vu, me dit-il, par les discours de l'Abbé, que jusqu'au Prince même s'étoit informé de toi avec soin & tendresse. Il a voulu que je lui racontasse jusqu'aux moindres circonstances. Apprenant que l'air natal ne te faisoit rien, il m'a ordonné de te ramener en quelque état que tu fusses. Voici un paquet, ajouta-t'il, où tu trouveras une Lettre, qui, je crois, fait mention de ses volontés. En effet, ouvrant le paquet j'y trouvai entr'autres une Lettre de l'Abbé, qui pressoit mon retour. Je la communiquai à mon père, & ensuite à toute la compagnie. Qu'en dites-vous? leur dis-je. Là, là, répondit Ferdinande, il n'y a rien qui presse. Elle eût pensé bien autrement, si elle avoit su le malheur qui m'attendoit, & dont elle-même devoit être la cause.

Le Chevalier ne pouvant se lasser de me féliciter, & admirant même le changement qu'il trouvoit déjà dans mon air, nous donna occasion de lui parler de la fête que nous avions résolue. Je veux, lui dis-je, te dédommager une bonne fois de toutes les abstinences que tu as faites avec moi. Si tu n'étois venu en poste, je commencerois dès demain ; mais j'aime mieux que tu te reposes, & cependant je préparerai tout ce que je sais qui peut flatter ton goût. En effet, je me piquai, pour célébrer ma convalescence, d'enchérir sur tous les divertissemens qui nous avoient aidé à passer l'hiver.

Je fis venir, de tous les endroits, de quoi perpétuer pendant huit jours la fête la plus magnifique, la plus galante qu'on ait vu depuis long-temps dans la Province. J'y invitai, non-seulement tous mes parens & amis, mais toute la Noblesse de l'un & de l'autre sexe. Chacun s'étant rendu au jour marqué, nous commençâmes à nous en donner au cœur joie. Que de folies, que d'extravagances ! Excepté le plaisir du repos, ou du lit, du moins pour les hommes, il n'y en eut point qu'on ne portât au dernier excès. Voilà comment les jeunes gens changent souvent en dissolution les actions de graces qu'ils devroient rendre. Ils n'en sont pas toujours punis sur le champ ; mais cela se trouve. Pour moi je ne le portai pas loin.

Parmi mes convives, il y en avoit deux

familiers depuis long-temps. L'un étoit l'amant de ma sœur ainée; l'autre un Gentilhomme, camarade dès l'enfance, que je n'avois vu depuis maintes années, mais qui depuis mon retour avoit étroitement renoué. Je l'aimois. Chez moi cela a toujours suffi, c'est-à-dire, qu'aimant, j'ai cru qu'on ne pouvoit que m'aimer; & quoiqu'à cet égard j'aie mille fois été trompé, je le suis encore tous les jours. Mon vieux camarade fut un des premiers qui me fit faire cette fâcheuse expérience. J'avois pris jusques-là ses fréquentes visites pour belle amitié; mais rien moins. C'étoit ma chère Ferdinande qu'il convoitoit & m'envioit. J'aurois dû m'en appercevoir depuis long-temps, si j'avois été moins de bonne-foi. Pour elle, elle le savoit, mais dans la crainte de nous brouiller, ou peut-être de ce qui arriva, elle ne m'en avoit jamais ouvert la bouche.

Tous s'étant retirés, l'amant de ma sœur, & ce prétendu ami, demeurèrent pour clorre le Jubilé. Dans cette espèce de particulier, il sembloit que nous reprenions de nouvelles forces pour rire & batifoler. Mon Gentilhomme plus ivre, soit de vin ou d'amour, qu'il n'avoit encore été, s'oublia avec Ferdinande, & en présence de tous prit une liberté si galante, qu'elle lui appliqua un fier soufflet. Un soufflet sur la noble joue d'un Gentilhomme, on le sait, c'est un péché qui ne se pardonne ni dans cette vie ni dans l'autre. Fut-il de la Vierge Marie, les Anges en répondroient. Dans le fond, mon Gentilhomme méritoit celui qu'il avoit reçu. L'étoffe fut si bien mesurée sur son insolence, que sagement je crus n'avoir rien à dire. Pour comble, chacun l'accabla de blâme. Moi seul je ne dis mot. Cependant ce fut moi qui en payai la folle enchère.

Mon Gentilhomme, appris à être discret, m'imita & sortit. Je le conduisis, comme si de rien n'étoit; mais me quittant, il me serra la main de manière à me faire comprendre qu'il laveroit avec moi son affront. Qu'y pouvois-je? S'il avoit fait cette réflexion, peut-être eût-il évité son funeste sort, & moi mille chagrins & mille fâcheux embarras. Appuyé sur mon innocence, je n'en fus que plus gai. Personne ne s'apperçut, que je fusse menacé, & je ne le fis même connoître au Chevalier que par le cartel que m'envoya le lendemain mon extravagant ennemi.

Sans considérer qu'il n'étoit qu'un impertinent, & l'unique auteur de l'offense qu'il prétendoit avoir reçue, il m'accusoit d'en être seul la cause, & le seul par conséquent à qui il pût s'adresser pour en tirer satisfaction. A cela, il ajoutoit le temps, le lieu, & les armes pour nous battre & nous tuer. J'avoue que voyant cela, je fus si transporté de colère, si fâché même de ma retenue, que je me repentis de n'avoir pas été le premier à lui demander raison de l'impertinence qu'il avoit eue à l'égard de Ferdinande. Oui, disois-je, je devois sur le champ ajouter à son soufflet ce qu'il sembloit chercher.

Le Chevalier au désespoir du danger où j'allois m'exposer, vouloit à toute force le prévenir. Il s'offrit d'aller parler au Gentilhomme, & tâcher de le ramener à la raison. Non, lui dis-je. Foible comme tu es, reprit-il, j'irai donc me battre pour toi. Encore moins. Oh bien, ajouta-t'il, je vais avertir père, frère, sœurs, Ferdinande même, & nous t'enchaînerons. Garde-toi bien de remuer, repliquai-je, autrement je te jure que toute ma juste colère tombera sur toi. Tout ce que je te demande, & que j'espère comme de mon meilleur ami, c'est qu'à tout événement tu me serves ici comme un autre moi-même. Que je succombe ou non, tu auras besoin de tous tes talens pour calmer le trouble que cette affaire va causer. Quoi, me dit-il encore tout triste & pénétré, tu ne veux donc point m'écouter ? Au nom de Dieu, cher ami, poursuivit-il en m'embrassant, permets que je voie d'accommoder cette affaire. Songe, si malheur t'arrive, à ce que deviendront ton père, ta chère Ferdinande, & toute ta famille.

Cette pensée dans le fond me désarma; mais le faux honneur qui règne sur cet article, l'emporta bientôt. Jusqu'à quand, grand Dieu, ces maximes, si contraires à toute bonne Religion, prévaudront-elles ! Jusqu'à quand substituera-t'on aux idées les plus claires de la raison, de la nature, & du but général du Créateur, les idées sottes & perverses d'une fatale mode! Ce qu'il y a d'étonnant, c'est que ceux qui savent réformer leur jugement là-dessus, sont souvent incapables d'y régler leur conduite. Un éclair de mauvaise odeur, chez qui? chez des foux, les rend foux eux-mêmes, & pis que tout cela, malheureux quelquefois pour jamais.

Quel bonheur, si dès-lors le Ciel m'eût porté à faire ces justes réflexions. Je ne me fusse pas seulement garanti du présent, mais de l'avenir, où j'éprouve enfin sa vengeance dans sa miséricorde.

Les représentations du Chevalier, toutes fortes qu'elles pussent être, ne furent donc pas capables de m'appaiser. Loin de m'y rendre, je me bouffis de mon faux-honneur, & ne songeai qu'à lui aller sacrifier le véritable, mon repos, & celui de tout ce que j'avois de plus cher au monde. Quelle horreur! Quel renversement de bon sens! Mon ami voulut en avoir le spectacle, Puis, dit-il, que rien ne peut t'arrêter, permets au moins que je t'accompagne. Qui sait si nous n'allons pas être séparés pour jamais? Sachant que c'étoit-là mes endroits sensibles, il les reprenoit, & alloit continuer ; mais ne pouvant entendre des choses qui n'aboutissoient qu'à m'assommer d'avance, je l'arrêtai. Cesse, je te prie, lui répondis-je, & demeure ; car tu sais que mon cartel porte encore que je ne menerai qu'un valet. Tu es bien étrange, repliqua-t'il. Est-ce donc que je ne puis attendre à une certaine distance le sort des armes ? Au fond rien n'empêchoit, & cela même accommodoit mes affaires. De sortir seul, je ne l'aurois guères pu sans subir quelques questions, & peut-être donner lieu au soupçon. Avec lui, tout alloit de suite, & je pouvois terminer mon affaire avant qu'on en eût le moindre vent. Je cédai à ces raisons. L'heure approchant, nous montâmes à cheval, & sous prétexte de promenade, je me rendis au lieu marqué.

Mon Gentilhomme y étoit déjà à m'attendre. Moins scrupuleux que moi, il avoit avec lui un second, mais pour spectateur, ainsi qu'il m'en avertit d'abord : sur sa parole, je ne voulus pas même faire avancer le Chevalier. Cependant, mon ami en voyant trois au lieu de deux, s'avança pour rendre la partie égale, & pied à terre, comme l'autre, il se mit à observer. L'affaire fut bientôt décidée. Pleins de courage, mon ennemi & moi, nous mîmes juste-au-corps bas, & l'épée à la main, nous nous abordâmes. Quand on y va de bonne-foi, ces sortes de combats ne durent guères. En deux coups de lames je jetai mon ennemi sur le carreau. Je suis mort, s'écria-t'il. Tant pis, répondis-je, je voudrois pouvoir vous rendre la vie aussi aisément que je vous l'ai ôtée. Êtes vous content ? Oui. Adieu. Je priai son ami d'en avoir soin, & je gagnai au pied avec le mien.

Le Chevalier, qui n'avoit craint que pour ma vie, ne se possédoit pas la voyant hors de danger. Ce n'est pas le tout, lui dis-je ; que faire à présent ? Je suis d'avis, ajoutai-je, de ne pas seulement rentrer au logis, mais de me retirer droit en Lorraine. Après mûre délibération, je suivis ce parti. Va, dis-je, à mon ami, embrasse pour moi mon père, toute la maison, & sur-tout Ferdinande. Calme, appaise-les autant que tu pourras. C'étoit ce qui m'empêchoit principalement de me montrer, sachant tous les assauts que j'aurois eu à soutenir. Enfin j'embrassai mon ami, qui promit de me joindre bientôt, & suivi de la Tulipe, je me rendis à Nancy.

Tout le long de la route je fis les plus tristes réflexions. Je maudis cent fois le point-d'honneur qui m'arrachoit pour ainsi dire à moi-même, & m'éloignoit de mon centre. Pourquoi, disois-je, n'avoir pas été plus docile aux remontrances du Chevalier ? Pourquoi ne l'avoir pas laissé agir ? Le pis qui m'en fût arrivé, eût été de fuir comme je fais. Qui sait à présent quand je pourrai retourner ? Peut-être jamais. D'ailleurs, ajoutois-je, voilà un homme qui est présentement je ne sais où. Mon Dieu, ayez pitié de moi ! J'arrivai sans presque faire autre chose que gémir & me plaindre. Qu'eût-ce été, si j'avois joint à toutes ces réflexions celles que je ne fis pas ; & sur-tout si une fraîche maturité me les eût fait goûter comme elles doivent l'être !

Malgré l'amertume de mon ami, je me souvins que je n'avois laissé au Chevalier aucune adresse où il pût me trouver. Mettant pied à terre, j'envoyai la

Tulipe à la poste, avec ordre de dire que dès qu'il arriveroit un Chevalier fait de telle manière, on l'envoyât à l'auberge où j'étois descendu. J'étois venu sur mes propres chevaux, & presque tout d'une traite, dont je perdis le meilleur des deux que j'avois reçus en présent. Mon ami se fit attendre quelques jours. Je m'en étonnois, mais il étoit retenu par mon père, qui vouloit partir avec lui, & voir néanmoins auparavant le train que mon affaire prendroit. Tous deux enfin arrivèrent par la poste, comme je l'avois prévu, mais dans la chaise qui m'avoit amené de Paris; mon père n'étant plus d'âge à soutenir autrement une pareille fatigue. Ne m'en fiant point à l'adresse que j'avois donnée, j'envoyois de temps en temps la Tulipe. Il se trouva à leur descente, & les amena.

Mon père paroissant le premier, je me jetai à son col, le suppliant de me pardonner. Il le faut bien, me dit-il, comme d'une chose sans remède; mais garé qu'il ne s'en trouve qui ne te pardonnent jamais. Pour toute réponse, je saisis un siége, & le lui offris. Il s'assit, & pendant qu'il prenoit haleine, j'embrassai mon ami. Faisant face enſuite, il reprit. Qu'avois-je beſoin à mon âge du trouble que tu me donnes ? Mes jours ne ſont-ils donc pas aſſez avancés, ſans que tu te mêles de les abréger ? Debout, confus, je demeurois toujours en ſilence. Oh que cela eſt beau, ajouta-t'il ! je gage que c'eſt ce que tu penſes, malgré ce que j'en dis. Mon père, répondis-je alors ! mon cher père, répétai-je en tombant à ſes genoux ! le Chevalier ne vous a-t'il donc pas raconté cette affaire ? Oui. Hé bien, pourſuivis-je, que falloit-il que je fiſſe ? Il falloit..... il falloit.... C'eſt à la lettre tout ce qu'il put me répondre.

Le Chevalier ſe prêtant à l'embarras de mon père, l'en tira à ma grande ſatisfaction, & vraiſemblablement à la ſienne. Il falloit, Monſieur, lui dit-il, ce que je me ſuis déjà tué de vous répéter, qu'il fit ce qu'il a fait, ou qu'il tachât le ſang dont il eſt. A Dieu ne plaiſe ! s'écria-t'il. Qu'il périſſe plutôt mille fois ! Puis m'embraſſant, comme pour m'y exhorter, il ajouta: Que Dieu & le Roi te pardonnent, ainſi que moi. Ravi autant qu'on peut l'être, je me levai. Mais, que dira-t'on, que l'on remarque dans mon propre père la force du préjugé, dont j'ai en passant touché l'abus? J'en conviens, & c'est ce qu'il y a d'étonnant, que l'âge même, loin d'en guérir, le fortifie souvent.

Si ma paix fut aisée avec mon père, les apparences ne promettoient rien moins du côté qu'il craignoit. On sait combien Louis XIV, sur-tout vers la fin de sa carrière, étoit inexorable sur l'article. Mon affaire n'étoit nullement graciable ; & ce qui la mettoit dans tout son danger, c'est que la famille de mon ennemi avoit juré de la pousser sans miséricorde. J'appris que le oui qu'il m'avoit prononcé, avoit été le dernier de sa vie ; que son cadavre, enlevé par son ami, avoit été porté chez lui ; qu'animé par ce spectacle, tous les siens en armes étoient venus fondre chez mon père, & qu'ils m'y avoient cherché comme pour me massacrer, ou tout au moins se saisir de ma personne. Si je m'y fusse trouvé, Dieu quelle tuerie ! C'est lui sans doute qui, malgré tout, m'avoit inspiré de ne pas rentrer.

Enfin, ces perquisiteurs, plus furieux encore, étoient sortis, jurant ma mort de manière ou d'autre. Tous s'étoient d'abord dispersés pour courir sur mes traces. Plusieurs même avoient pris la route de Nancy ; mais étant bien monté, ayant quelques heures d'avance, & la nuit survenant, c'étoit plus qu'il n'en falloit pour être en sûreté. Aussi mon père ne s'en étoit-il pas beaucoup inquiété. Il trembloit bien plus de voir commencer des informations. C'est ce qu'on avoit déjà fait, malgré les amis communs qui s'en étoient mêlés, & qui n'espéroient pas même de pouvoir jamais les arrêter.

Mon père & la famille, assemblés sur le cas, avoient déjà résolu d'avoir recours à la protection du Prince mon Maître, & d'obtenir ma grace par son moyen. Le parti étoit excellent ; c'étoit d'ailleurs le seul à prendre ; mais réfléchissant que mes ennemis ne trouveroient pas de protections moins puissantes, & plus même par l'espèce de disgrace où mon Maître étoit dans l'esprit du Roi son Oncle, nous désespérions quasi du succès. Cela redoubloit l'alarme de mon père, & avec raison ; car si les choses n'eussent changé de face, j'eusse dès-lors été proscrit pour toute ma vie.

Cependant ne voulant rien négliger, mon père avoit déja réſolu d'aller lui-même implorer pour moi la protection & la bienveillance de mon Prince. C'eſt ce qu'il me confirma, & qu'il exécuta, malgré moi pourtant, avec le Chevalier. Je prétendois que ſans s'expoſer à une fatigue ſi dangereuſe, mon ami ſeul opéreroit tout ce qu'on pouvoit eſpérer. Non, répondit-il, une telle affaire mérite bien ma préſence; & dût-elle terminer mes jours, je me croirai trop heureux ſi elle réuſſit. J'inſiſtai encore, mais inutilement. Dès le lendemain il prit la poſte, retourna au logis, & ſans différer ſe rendit à Paris. Ce qui me conſoloit, c'eſt que le Chevalier l'accompagnant, j'étois ſûr qu'il en prendroit ſoin comme de ſon propre père.

A peine me trouvai-je ſeul après leur départ, que je tombai dans la plus grande conſternation. Cela ne ſe pouvoit guères autrement, d'une ſéparation ſi chère & ſi rapide : mais ce qui mettoit le comble à mon affliction, étoit l'incertitude de ſa durée. Arrive ce qui pourra, diſois-je, je l'abrége, & même au plutôt, puiſque déja je n'y puis plus tenir. On juge bien que

Ferdinande avoit la meilleure part à tout ceci. J'étois à son égard pire encore que je ne me rappellois l'avoir été autrefois dans le même lieu. L'espérance que le Chevalier ne m'apporteroit peut-être pas de si fâcheuses nouvelles, m'avoit auparavant soutenu; mais la voyant évanouie, & les choses prenant le plus mauvais train, je ne projettois que désespoir.

Je passai plusieurs jours dans cette situation. Un matin que ma crise étoit plus forte qu'à l'ordinaire, j'appellai la Tulipe. Va, lui dis-je, à la poste, amène moi ici des chevaux, & que je parte. Partir, Monsieur, me dit-il, & pour où, s'il vous plaît? Que t'importe: obéis, & ne t'embarrasse pas du reste. Ma foi, Monsieur, me repliqua-t-il, je juge sans peine où le cœur vous appelle; mais qu'il me soit permis de vous remontrer qu'il n'y fait pas bon. Tu juges sans peine, repris-je après lui; & qui t'a donné un jugement si aisé? En effet, je pouvois bien croire qu'il avoit par-ci par-là reconnu, entendu que je m'intéressois à Ferdinande; mais qu'il en sût davantage, c'est ce que je ne m'imaginois pas. Cependant il ne m'apprit pas seulement pour qui

& pourquoi je m'étois battu, mais encore toute mon ancienne histoire avec Ferdinande. Bourreau ! m'écriai-je alors, d'où vient donc que tu ne m'as jamais révélé la supercherie dont j'étois la dupe ? Il me répondit, qu'il n'avoit eu garde ; que son défunt Maître le lui avoit trop bien défendu ; & que quand ce mystère eût duré jusqu'à la fin des siècles, il n'eût jamais été tenté de le révéler ; qu'il étoit pour cela trop fidèle & trop obéissant. Fort bien, interrompis-je, mais puisque tu sais si bien obéir, fais donc au plûs vîte ce que je te commande.

Plus sensé qu'on ne pourroit le croire d'un valet, il me repliqua, que mon oncle ne l'avoit jamais mis à l'épreuve d'une pareille obéissance ; mais que s'il s'y fût trouvé, il lui auroit hazardé auparavant un expédient qui lui tomboit dans la pensée. Quel ? lui demandai-je. Ce seroit, me répondit-il, de prendre seul la poste, & d'aller représenter à Mademoiselle Ferdinande le danger où je vois que vous voulez vous exposer. Il y a toute apparence qu'elle aimera beaucoup mieux venir elle-même ici, & par-là le prévenir. Dans le fond je trouvai cet expédient plein de sens ; je m'étonnai même qu'il ne me fût pas venu dans l'esprit. Enfin l'approuvant, j'y consentis.

La Tulippe partit donc avec un Billet, que je me donnai à peine le temps d'écrire. Il fit si grande diligence, que de retour dès la même nuit, je le trouvai le matin à mon lever. Je ne fus pas trop aise de le voir ; je ne l'attendois qu'avec Ferdinande, & je craignois que ce prompt retour ne signifiât rien de bon. Cependant j'appris tout le contraire. On ne s'étoit dépêché de me le renvoyer, que pour soulager l'impatience que l'on me supposoit, & empêcher qu'elle ne me fît tenter ce que la Tulipe étoit venu annoncer. Dans la crainte où l'on est, me dit-il, comptez, Monsieur, qu'on est déjà en route, & que vous verrez bientôt toute la famille. En effet, à l'exception de mon père, déjà peut-être à Paris, tous arrivèrent le lendemain au soir.

Comme il étoit tard, & que je ne comptois plus sur eux ce jour là, ma joie en les voyant n'en fut que plus sensible. Je les embrassai tous avec une espèce de transport,

Je commençai & finis par Ferdinande : que dis-je ! l'amour & le sang m'unissant à elle, je pensai la dévorer dans ces premiers instans. La joie n'étoit peut-être pas moins grande de sa part ; mais elle s'exprimoit d'une manière bien différente. Autant mes transports tenoient de sa gaieté, autant les leurs sembloient tristes & lugubres. Je ne voyois que larmes. Mon frère, mon Précepteur même, en laissèrent échapper. Enfin, c'étoit comme si j'eusse été perdu, plutôt que retrouvé ; & j'eus presque à soutenir le même assaut que si je fusse rentré droit au logis.

Cependant peu-à-peu nous goûtâmes un plaisir uniforme. Tous, ainsi que moi, ne marquèrent bientôt plus que satisfaction & contentement. Ferdinande, sur-tout, quoiqu'elle parut d'abord la plus désolée, fut la première consolée. On s'entretint de mon affaire. Il fallut, quoique peut-être le Chevalier l'eût racontée vingt fois, que j'en fisse encore le récit tout du long. Ce récit causa comme un nouvel effroi. Il m'attira de mon Précepteur une mercuriale d'ancien droit. Du reste, tâchant de bien espérer, chacun se calma. Ferdinande commença à nous mettre en joie. Pourquoi, dit-elle, ne m'a-t'on pas jugé digne de répondre pour moi ? Que me manquoit-il ? Un chapeau ? Hé bien, j'en eusse bientôt trouvé un. Nous badinâmes sur son courage, & dans tout cela, je remarquai qu'elle n'étoit que la moins fâchée d'une querelle qui me rendoit plus que jamais digne d'elle. Ainsi se passa cette première soirée. Nous l'abrégeâmes, parce que fatigués, les voyageuses surtout avoient besoin de repos.

Plein de la plus douce espérance, je me retirai, avec mon frère & mon Précepteur. Je les pressai de se mettre au lit, ne souhaitant que d'y être moi-même à goûter l'heureuse situation où je me trouvois. Je me livrai tellement aux idées qu'elle me fournissoit, qu'à peine je fermai l'œil de toute la nuit. Brûlant de revoir Ferdinande, je me levai de grand matin. Je fus au même lieu où je l'avois quittée la veille, comme si elle eût dû y être déjà, ou se hâter d'y venir. Cependant il fallut attendre ; & ne voulant pas interrompre son repos, je soulageai mon impatience à force de me promener. Elle
vint

vint enfin la guérir tout-à-fait. Preſſentant à ſon réveil que je ne devois plus être au lit, elle s'étoit levée, ajuſtée, & précédant mes ſœurs, elle étoit venue me trouver. Seul avec elle pendant près de demi-heure, ce fut-là que mon cœur ſe dilata. Ni elle, ni moi, ne pouvions nous laſſer de nous revoir, nous embraſſer, & nous dire mille choſes tendres, que les amans ſeuls ſavent exprimer.

L'arrivée de mes ſœurs, & bientôt de mon frère & de mon Précepteur, interrompit notre doux entretien.

Devenant général, on parla du temps qu'on demeureroit, & de la maniere de le paſſer. J'obtins en premier lieu, que tous attendroient avec moi les nouvelles que mon père m'avoit inceſſamment promiſes; que ſelon ce qu'elles nous apprendroient, nous aviſerions, & qu'en attendant je promettois de faire en ſorte qu'on ne s'ennuyeroit pas. Juſques-là je n'étois preſque point ſorti de mon auberge. Je propoſai dès le même jour une partie de promenade. Nous l'exécutâmes, Ferdinande, mes ſœurs & moi, tandis que mon frère & mon Précepteur allèrent visiter plusieurs connoissances, & les préparer en quelque sorte à nous recevoir.

De retour de notre promenade, ils nous dirent qu'on nous attendoit en divers endroits, & qu'il ne s'agissoit que de voir par où il nous plairoit commencer. Cet embarras fut bientôt levé. Nous donnâmes la préférence à ceux qui ne tardèrent pas à nous la venir demander galamment. D'autres succédant journellement à ceux-ci, nous ne pûmes jamais y fournir. Il falloit nous errer, & par-tout nous ne trouvions que banquets & fêtes galantes. Quelques amis se plaignant de ce que nous n'étions pas venus tout d'un coup prendre appartement chez eux, voulurent nous y obliger. Nous les remerciâmes; & tant pour notre liberté que pour n'incommoder personne, nous préférâmes constamment notre auberge.

Au milieu de tous nos divertissemens, nous reçûmes de mon père les nouvelles que nous attendions. Loin de les interrompre, elles nous portoient à les continuer. Nous apprîmes que mon père jouissoit d'une santé, meilleure même que lorsqu'il étoit parti; qu'il avoit été par faitement bien reçu du Prince ; *qu'il s'intéressoit fortement pour moi, mais qu'il ignoroit encore à quoi cela aboutiroit.* Le Chevalier, de son côté, m'écrivoit mille choses divertissantes. Dans la Lettre, il y en avoit une pour ma sœur cadette, qu'il ne croyoit guères auprès de moi. Il me prioit de la lui envoyer, & de faire en sorte qu'elle lui tombât en main-propre. Je fis cette lecture en commun. L'article de main-propre, qui m'échappa sans le vouloir, ne fit pas seulement rougir ma pauvre petite sœur, mais elle donna encore à tous une démangéaison curieuse, qui servit à la désoler. Pour m'acquitter de ma commission, je lui remis sa Lettre. Elle la fourra subitement dans sa poche. Malgré bon gré il fallut l'en tirer. Vous la lirez tout haut, lui dit-on. Plus elle s'en défendoit, plus on s'opiniâtroit. On alla même jusqu'à vouloir la lui arracher. Elle tint bon ; mais voyant qu'on prétendoit qu'il devoit y avoir quelque chose de terrible, elle la prit, & la jeta avec dépit au milieu de la compagnie. Comme lecteur, je la ramassai, j'en fis la lecture tout haut, mais en sautant ou déguifant autant que je pouvois certaines tendreſſes, dont ſa modeſtie auroit peut-être ſouffert. Cela fait, je la lui rendis, & on la laiſſa tranquille.

Ces Lettres nous donnant une nouvelle doſe de belle humeur, nous n'eûmes garde d'y porter la moindre atteinte. Laiſſant les choſes ſur le pied qu'elles étoient, c'eſt-à-dire, nous divertiſſant ſans parler de retour, on réſolut ſeulement de répondre à mon père, & de lui marquer que nous étions tous à Nancy, en auſſi bonne ſanté que lui. Cette affaire me regardoit. Je m'en acquittai ſur le champ, & preſqu'auſſi-tôt nous fûmes à une fête où nous étions attendus. Nous pouvions nous aſſurer d'en avoir à perpétuité, ſi nous avions voulu; mais quoiqu'il ne fût pas apparent que ma compagnie me demeurât ſi long-temps, je ne voulus pas néanmoins qu'il fut dit que nous recevions toujours ſans rien donner. Je prétendis même de réparer du premier coup le défaut où j'avois été juſques-là. Pour cet effet, j'ordonnai une fête ſplendide & magnifique autant que je pus. J'y invitai tous ceux de qui nous en avions reçu, & j'eus tout lieu de penſer que je n'avois plus rien à me reprocher.

Cependant les beautés que j'avois avec moi faisoient extrêmement du bruit. La Ville ne retentissoit que de leurs charmes; & j'appris bientôt qu'ils avoient même pénétré jusqu'à l'intérieur de la Cour. Ferdinande, sur-tout, avoit une foule d'admirateurs. Le bruit de ce qui l'avoit amené, & moi aussi, se répandit. Je recevois de toutes parts des complimens sur l'objet de ma bravoure. On me juroit qu'elle ne pouvoit être mieux placée; mais craignez, ajoutoit-on en badinant, quelque nouvel essai. Cela auroit pu se faire, si mon père arrivant contre toute attente, n'eût coupé dès-lors racine au danger.

Aucun de nous n'étoit au logis quand le Chevalier & lui mirent pied à terre. Il n'y avoit pas même un seul de nos domestiques. Mon hôte sachant où nous étions, vint lui-même en donner la nouvelle. Je la reçus en particulier. La communiquant à tous, & la bienséance le permettant, nous prîmes congé, sortîmes, & transportés de joie, nous fûmes où le cœur nous appelloit. Nous avions peine à concevoir cette arrivée imprévue, d'autant que les dernières Lettres que nous avions reçues n'en faifoient aucune mention. Nous fûmes bientôt inftruits. Mon père voyant paroître tout d'un coup fa famille entière, penfa s'évanouir de joie. Nous l'embraffâmes tour-à-tour, fans prefque qu'il eût la force de nous dire un feul mot. Le Chevalier y fuppléa. Sa joie s'exprima de toute manière ; la nôtre de même. Enfin nos tranfports finis, & mon père revenu de fon efpèce de pamoifon tendre, nous apprîmes la raifon de fon retour inattendu.

Le Prince s'employant pour ma grace, avoit preffenti une efpèce d'impoffibilité à l'obtenir. Cependant, ne voulant pas effrayer mon père, il lui avoit fait dire le jour même, par l'Abbé, qu'il nous avoit écrit la dernière fois, *qu'il étoit inutile qu'il demeurât plus long-temps à Paris pour cette affaire; qu'il prévoyoit qu'elle tireroit en longueur, & préfumoit, d'un autre côté, que fon chez lui l'accommoderoit beaucoup mieux; qu'il pouvoit y retourner, & s'affurer fur fa parole, qu'il ne négligeroit rien pour ma grace, puifque de-là dépendoit la fatisfaction qu'il auroit de me revoir ; que s'il acceptoit ce parti, il le dit à l'Abbé, & qu'il vînt le lendemain recevoir ſes ordres.* Mon père ſe rendit à cette propoſition : il promit de ſuivre ponctuellement les volontés du Prince, & le lendemain il fut prendre congé.

Dès que mon père parut, le Prince ne lui réitéra pas ſeulement tout ce que l'Abbé lui avoit dit de ſa part, mais il lui ajouta des choſes ſi obligeantes, qu'il en étoit encore tout pénétré. *Je partage avec vous*, lui avoit-il dit, *la tendreſſe que vous avez pour votre fils. Soyez ſurs, vous & lui, que dans toute occaſion vous me trouverez diſpoſé à vous faire plaiſir. J'ignore le temps que je pourrai rappeller votre fils auprès de moi. En attendant, voici une Lettre, que vous lui remettrez. Elle eſt pour ma Sœur, à qui je le recommande, & qui le gardera, j'eſpère, comme je l'en prie. Là, je le compte auſſi-bien qu'avec moi.* Mon père acceptant avec révérence & remerciement la Lettre que le Prince lui offroit, ſortit, & ne ſongea plus qu'à nous rejoindre promptement. Le Chevalier même, chez qui il logeoit, avoit déjà tout diſpoſé, de ſorte qu'il n'avoit eu presque qu'à monter en chaise & galopper.

Finissant ce récit, mon père me remit la Lettre de mon Maître pour sa sœur la Duchesse de Lorraine. Ceux qui savent l'amour fraternel qui régna toujours entre ces deux illustres Personnes, ne doutèrent pas du poids qu'auroit cette recommandation. Je fus dès le lendemain à la Cour. Je donnai en main-propre à la Princesse la Lettre du Prince mon Maître. Je ne sais ce qu'elle contenoit, mais dix fois la Princesse, interrompant sa lecture, jeta les yeux sur moi. *Vous êtes donc Page*, me dit-elle à la fin ? Je l'étois, ma Princesse, répondis-je ; car je crains bien que ce ne soit de ces choses passées. *Oh que non*, repliqua-t'elle, *Mon frère du moins ne l'entend point ainsi : il me prie de ne vous recevoir qu'en dépôt, & en dépôt sacré*, reprit-elle en souriant, *que je dois lui remettre fidélement*. De l'air dont la Princesse s'énonça, je ne pus moi-même m'empêcher de sourire. J'allois lui commencer ma réponse par mes excuses, lorsqu'elle ajouta : *Cela mérite bien qu'on y pense ; allez, & venez demain me retrouver*.

Prêt à passer la porte de son appartement, elle me rappella. D'un saut de Page je fus à elle. *Vous êtes bien leste, me dit-elle; mais n'êtes-vous pas ici en compagnie ? N'est-ce pas vous, ou les vôtres, dont le bruit m'est parvenu ?* Je ne sais, ma Princesse : j'ai ici mon père, qui arriva hier avec la Lettre que j'ai eu l'honneur de remettre à Votre Altesse, mon frère & mes sœurs. *Oui, oui*, interrompit-elle; *c'est cela. La charmante pour qui vous êtes en affaire, n'en est-elle pas aussi ?* C'est ce que j'allois ajouter, ma Princesse. Une cousine que je chéris comme sœur, ou plutôt comme quatre. Elle rit, & me renvoya, mais avec ordre précis de ne pas manquer au lendemain.

De Lunéville, où se tenoit ordinairement la Cour de Lorraine, je revins à Nancy. Mon père, tous étoient à m'attendre, pour être instruits de la manière dont Son Altesse m'auroit reçu. Ferdinande & mes sœurs, crièrent d'abord en me voyant; hé bien ? Hé bien, Mesdemoiselles ? leur répondis-je, apprenez en premier lieu le tapage que font vos charmes. Il est si grand, que Son Altesse même en

E v

est imbue. Parbleu, je le crois, repliqua le Chevalier, le monde entier doit en être rempli. Laiſſant les galanteries, j'approchai de mon père, & racontai ce qui s'étoit paſſé. La Princeſſe m'ayant remis au lendemain, nous remîmes auſſi à juger. En attendant, nous goûtâmes le plaiſir de revoir mon père. Il étoit ſi ſatisfait du Chevalier, que nous nous divertîmes à lui faire faire le journal des manières qn'il avoit eues pour lui. A chaque article, nous demandions à mon père, s'il étoit vrai? Oui. Là-deſſus nous l'embraſſions, badinant, folâtrant; mais pourtant lui marquant notre reconnoiſſance.

Le lendemain, ſelon l'ordre que j'avois reçu de Son Alteſſe, je me rendis à la Cour. On ne m'introduiſit pas dans le même appartement que la veille, mais dans un autre, où elle n'avoit avec elle que des perſonnes familières. *Vous voilà*, me dit-elle; *c'eſt pour vous que je ſuis dans le particulier. Cela ne vous étonne pas, ſans doute, puiſque mon frère m'apprend que vous étiez du ſien, & que malgré votre jeuneſſe, vous en ſavez bien uſer. Ah çà,* pourſuivit-elle, *dites-moi donc un peu avant toutes choses, comment tout va làbas.* Princesse, répondis-je, oserois-je auparavant m'informer si mon Maître marque aussi que vous me fassiez cette demande, & que je doive y répondre ? *Hélas,* repliqua-t'elle, *tu ne peux rien m'apprendre, mon cher Enfant, que je n'en sache encore plus. Est-il sage, réglé au moins dans sa conduite ? Non, sans doute.* Sans attendre ma réponse, je la vis fondre en larmes.

Ne sachant ce que cela vouloit dire, j'étois inquiet du tour que prendroit cette scène. Je croyois dans le fond qu'il s'agissoit des désordres de mon Maître auxquels je pouvois avoir eu part. J'étois résolu, supposé même qu'elle levât le scrupule que m'imposoit le respect, de les cacher comme beau meurtre, & par égard pour lui & pour moi. Enfin la Princesse elle-même me tira d'embarras. Ses larmes n'aboutirent qu'à des nouvelles domestiques ; c'est ce que je savois le moins. Cependant je tâchai de la satisfaire. Dans la suite j'appris le véritable sujet de ses pleurs. C'étoit la malignité qui avoit pris en scandale l'attachement que le Prince son frère avoit marqué pour elle, & porté jusqu'à vouloir la suivre en Lorraine. Je pourrois dès ici, si je voulois, détruire cette affreuse calomnie, je le pourrois, dis-je, si je ne me réservois à le faire avec d'autres plus affreuses encore, que de vils ennemis ont eu la lâcheté de publier.

Cependant le frère, la sœur sur-tout, victimes de ces langues criminelles, ne s'entretenoient plus qu'avec mesure, & souvent en secret. La Princesse sur-tout l'exigeoit, condamnant l'emportement de son frère, qui avoit donné lieu à de tels bruits, & voulant absolument y obvier. C'est ce qu'elle appelloit sa conduite. Du reste, l'amour fraternel subsistant toujours, il ne passoit rien de part ou d'autre qu'ils ne se le communiquassent. Admis à la confiance de celle à qui mon Maître m'avoit recommandé, j'en sus peut-être plus à la Cour de Lorraine, que je n'en eusse jamais appris au Palais d'Orléans.

Dès ce moment, la Princesse, sensible à la bienveillance que son frère lui avoit sans doute marquée pour moi, promit de me tenir lieu d'un autre lui-même. Elle m'offrit gratuitement un asyle auprès d'elle, sans charge ni emploi ; mais comme un véritable dépôt confié, & toujours prêt à rendre. Charmé de cette proposition, je l'acceptai, pénétré moi-même de sensibilité. Ce fut un malheur que je n'insistai pas pour un emploi. Je l'aurois obtenu ; & peut-être que me fixant, j'aurois évité tous les désastres qui m'ont accueilli dans la suite. Avant même que je sortisse, la Princesse, qui avoit déjà prévenu le Duc son époux, me présenta à lui. Il ratifia tout ce qu'elle m'avoit offert ; & pénétré des bontés de leurs Altesses, je retournai en faire part à mon père.

Ma satisfaction étoit trop grande, pour qu'elle ne sautât pas aux yeux. Lorsque je rentrai, chacun s'en apperçut, & je fus félicité d'avance sur ce que l'on ne savoit pas. Mon père seul attendit que je m'approchasse. Je le fis, & lui racontai ce dont il avoit lieu de se flatter en quelque sorte. Il s'en réjouit, autant que cela se put, c'est-à-dire, bien moins que de ma grace, s'il l'eût apportée, ou qu'il n'eût eu aucun doute là-dessus. Cependant, comme il ne la croyoit pas non plus tout-à-fait désespérée : Dieu soit loué, me dit-il, il prit courage, & dit ; prions, espérons pour le reste.

Mon père n'attendant que cette décision pour son départ, songea d'abord à le régler. Il craignoit, par rapport à moi, de toucher cette corde, & ne le fit même qu'avec mesure. Il représenta les inconvéniens qu'il y auroit à demeurer plus long-temps : d'ailleurs, me dit-il, nous viendrons te voir de temps en temps, & cela te paroîtra bien meilleur. Je consentis, avec plus de facilité qu'il ne se l'étoit imaginé. Peut-être crut-il que je cédois à ses raisons. Rien moins, c'étoit aux miennes. Sur le point de me rendre à la Cour, où il falloit d'abord quelque assiduité, je craignois de ne pouvoir jamais l'accorder avec mon amour. Quelle apparence, disois-je, que Ferdinande demeure, sans que je sois incessamment près d'elle ? Où il faut rompre ce que je viens d'arrêter, où il faut la laisser aller. De rompre, reprenois-je, ce seroit se moquer, & je mériterois de l'être. Vainquons-nous donc, puisqu'il le faut. Adieu, Ferdinande, partez.

Cette résolution prise, je souhaitois qu'elle fût déjà exécutée. Je le dis, & profitant de cette heureuse disposition, on ne songea qu'à plier bagage. Cependant je pris le Chevalier en particulier. Ce cher ami, partagé entre l'amour & l'amitié, ne savoit lui-même à quoi se résoudre. Je le déterminai. Ecoute, lui dis-je, les raisons qui me pressent à l'égard de Ferdinande, peuvent aussi t'être appliquées. Quand tu demeurerois, à quoi cela aboutiroit-il, qu'à me gêner, sur-tout si je te voyois passer mal ton temps pour l'amour de moi ? Va plutôt, continuai-je, jouir d'un bonheur qu'un sort différent t'offre & m'arrache. Pense seulement quelquefois à moi, fais-y penser Ferdinande ; & en attendant qu'il plaise au Ciel de nous rejoindre, donne-moi régulièrement de tes nouvelles & des siennes. Mon ami se rendit, promettant d'être souvent lui-même le messager des nouvelles que je lui demandois.

A peine finissions-nous cet entretien, que je crus voir l'heure où ce départ seroit différé. Ma sœur aînée, toute ma sœur qu'elle étoit, n'en étoit pas quelquefois moins sucrée. Son amant, lorsqu'il s'étoit agi de me venir voir, n'avoit jamais pu obtenir d'elle la permission de l'accompagner. Tout navré, ce pauvre Gentilhomme étoit demeuré. A la fin pourtant ennuyé, inquiet, sur-tout après avoir écrit plusieurs fois sans recevoir aucune réponse, il avoit pris le mord aux dents, & arriva qu'on étoit prêt à lever le pied. Il ne parut qu'en tremblant, sous prétexte même d'affaires importantes, au nombre desquelles il mit l'honneur de me voir. En effet, depuis ma fatale dispute, je ne l'avois point vu, & cela lui servit à merveille pour engager son compliment. Mais ce qui nous prouva bientôt que l'amour seul l'avoit talonné, pourchassé hors de son manoir, c'est que toutes ces affaires furent faites dès qu'il apprit qu'on s'en retournoit. Nous en rîmes, & fûmes fort aises d'être dégagés des raisons de bienséance qui eussent peut-être voulu qu'on l'attendît. Il eut à peine le temps d'aller reprendre ses bottes pour venir servir d'escorte.

Plus heureux que moi, il recouvroit ce que je perdois, & ce qu'au fait & au prendre je ne pouvois consentir de voir aller. Mon père m'ouvrant les bras, me dit adieu. Tous firent de même ; mais lorsqu'il s'agit de Ferdinande, les bras qu'elle me tendit furent pour moi pire que la croix. Je m'y attachai avec plus de douleur que ceux qui en souffrirent jamais le supplice, & je n'avois pas plus de vie qu'eux lorsqu'on m'en arracha. Tombant réellement évanoui, on me dégagea, & profitant de mon état, [le sien étoit à peu près de même] on nous sépara. Revenu à moi, elle étoit partie, & je ne trouvai plus que mon père & mon Précepteur, qui étoient demeurés pour me secourir. L'un & l'autre s'empressèrent à me consoler. Enfin, mon père par sa tendresse, mon Précepteur par ses raisons, me ranimèrent assez pour les embrasser encore, & les voir partir dans la chaise qui leur étoit demeurée.

Si je ne fis pas cette route en personne, j'en eus tout le plaisir, ou plutôt le regret en idée. C'est ce que je sentois à la fois, me représentant dans une même voiture, Ferdinande, mes sœurs avec mon frère, le Chevalier, & notre Gentilhomme, escortant chacun leur trésor avec le mien. Quand même je ne me serois pas fait un devoir de répondre avec empreſſement aux bontés que la Princeſſe m'avoit marquées, il m'eût été impoſſible de demeurer plus long-temps à mon Auberge. Tout m'y rappellant l'objet de mes pleurs, je délogeai ſans différer. Je me rendis à la Cour, où ſi quelque choſe eût pu me conſoler, c'eût été l'accueil obligeant qu'on m'y fit.

La Princeſſe apprenant que je venois me rendre aux généreuſes offres qu'elles m'avoit faites, s'en réjouit comme d'une grace que je lui aurois pour ainſi dire accordée. Elle avoit avec elle pluſieurs Dames de ſes confidentes quand je parus. *C'eſt ici*, leur dit-elle, *le dépôt dont je vous ai parlé. S'il m'eſt ſacré*, ajouta-elle en riant, *j'eſpère qu'il ne vous le ſera pas moins, & que lorſqu'il s'agira de le rendre, il n'y aura pas plus de difficulté qu'à le recevoir.* Ces Dames équivoquant ſur le mot de ſacré, en firent un jeu. Je le ſoutins de mon mieux, & leur proteſtai, en badinant comme elles, que ſi elles me jugeoient trop digne de la rigueur du terme, je prendrois la liberté d'en écrire au Prince, mon Maître, pour les en diſpenſer.

Le sérieux succédant au badinage, la Princesse me dit ; *que quoiqu'elle eût eu du temps de reste, elle n'avoit néanmoins donné qu'un seul ordre à mon égard, qui consistoit à me procurer tout ce qui m'accommoderoit le mieux ; que je n'avois qu'à voir, parler, & qu'elle ne doutoit pas que, conformément à son ordre, on ne remplît mes desirs : que tant que je demeurerois à sa Cour, il en seroit ainsi ; que je serois le seul tenu à rien, tandis que chacun le seroit à m'y faire plaisir ; qu'elle l'entendoit du moins ainsi ; & qu'en un mot, si je n'étois pas bien, elle vouloit que je n'eusse à m'en prendre qu'à moi.*

Pénétré de tant de bontés, c'est tout ce que je pus faire que de protester à cette généreuse Princesse que je ferois mon possible pour ne m'en pas rendre indigne. Elle & ses Dames s'appercevant que le sentiment m'ôtoit pour ainsi dire la parole, passèrent à des questions qu'elles présumoient devoir m'en rendre le libre usage. *Croyez-vous,* me dit immédiatement la Princesse, *que cette Cour, une Cour de Dames, telle que la mienne, puisse vous faire prendre en patience l'exil de celle où vous étiez?* Princesse, répondit officieusement l'une de ses Dames, galant comme il le paroît, il n'y a aucun lieu de douter qu'il ne se trouve bien ici. D'ailleurs le pied de Volontaire sur lequel votre Altesse veut qu'il soit, ne sauroit lui être que fort agréable. Madame la Marquise d'A..... c'est la lettre initiale d'un nom trop marqué chez moi pour m'échapper, n'eût rien pu dire de plus vraisemblable, si ce n'est que la complaisance avec laquelle elle s'énonçoit me préfageoit bien des tracas. La vivacité, les graces s'en mêlèrent même si fort, que le titre de Volontaire dont elle me qualifia à la volée, plût tellement à la Princesse, qu'elle l'adopta, & que dans toute la suite je fus appellé *le Volontaire de la Cour*.

Cette conversation ayant fait mon entrée, j'éprouvai sans délai tout l'effet de l'ordre obligeant que la Princesse avoit donné à mon sujet. Je n'eus pas même la peine de voir, ni de parler. On m'assigna un appartement magnifique, commode, & le plus à portée. J'en pris possession. Tout le reste alla de soi-même, & à ma satisfaction. Si j'eus à me plaindre de quelque chose, sur-tout dans les premiers jours, ce fut des honneurs que je reçus, des attentions que l'on me marqua, & qui ne pouvoient que me fatiguer, quoique je m'en tirasse assez en Page. La Princesse elle-même, & Madame la Marquise d'A...... ne cessoient de me demander, *comment je me trouvois ?* Le mieux du monde, répondis-je dès la première fois; mais il fallut le répéter plus de cent fois, avant qu'on me fît la grace de m'en croire.

Cependant je ne négligeois rien pour répondre à ces attentions gênantes, & me les attirer même. Je faisois assiduement ma cour à la Princesse. Elle prenoit plaisir à m'entretenir du Prince son frère. Je n'en avois pas moins à entrer dans le secret de cette illustre & fraternelle union. J'y fus bientôt admis intimement. Quelques Lettres, où mon généreux Maître confirma celle que j'avois rendu moi-même à la Princesse, m'attirèrent une confiance entière. Outre les bruits qui couroient alors de la Paix, elle m'en montra le plan, que mon Maître lui avoit envoyé, & qui ne fut pourtant pas celui qu'on suivit. Il est vrai qu'elle-même le tenoit un peu suspect, &

que sachant l'injuste & mauvaise politique qui régnoit à la Cour de France contre son frère, elle doutoit qu'il fût bien instruit.

De tout le temps que la Princesse ne pouvoit donner à son particulier, j'en faisois le mien. Je me retirois, pour m'entretenir de Ferdinande, & répondre quelquefois aux nouvelles que j'avois reçu d'elle & du Chevalier, & où j'en trouvois ordinairement de toute la famille. Si mes rêveries amoureuses me tracassoient trop, j'allois les distraire ; c'est-à-dire, faire de côté & d'autre le Volontaire. Les Dames de la Cour étoient ordinairement ma ressource. Parmi elles, Madame la Marquise d'A..... comme je l'ai déjà remarqué, ne me voyoit rien moins que de mauvaise œil. C'étoit sans doute ce qui m'attiroit là plutôt qu'ailleurs. Une certaine joie qui se montroit toujours sur son visage en même temps que moi, m'en donnoit d'abord à moi-même ; & comme je ne sortois que pour cela de mon particulier, je la préférois machinalement à toute autre. Ce n'est pas que par elle-même elle ne méritât cette préférence, mais le cœur rempli de Ferdinande, je ne la lui donnois que pour me servir de remède.

Cependant j'usois, sans le savoir, d'un remède pire que le mal. La Marquise n'ignoroit pas mon attachement pour Ferdinande; mais elle ne savoit pas moins qu'elle avoit de quoi captiver les cœurs : qu'elle étoit encore jeune, jolie, pleine de graces, qu'elle avoit un titre, un rang, & tout ce qu'il falloit, en un mot, pour donner du dessous à une rivale. Quoique je me piquasse dès-lors de n'être plus novice, je le fus néanmoins assez pour juger de son but par le mien ; c'est-à-dire, qu'elle ne cherchoit, comme moi, qu'à se distraire & se divertir. Ce jugement pouvoit être d'autant mieux fondé, que nos circonstances étoient toutes semblables. Je savois, sur le témoignage de toute la Cour, qu'un Seigneur qualifié s'étoit depuis long-temps déclaré pour elle; qu'elle en avoit, disoit-on, reçu la foi, & qu'on n'attendoit que son retour d'une négociation, dont l'avoit chargé son Altesse, pour voir cette union. Je croyois donc, que séparé de ce qu'elle aimoit, un certain rapport d'humeur, de circonstances, lui faisoit chercher chez moi ce que je trouvois chez elle. Rien moins. Tous en étoient la dupe, sans en excepter le Prince ni la Princesse.

Madame la Marquise d'A..... trop à l'abri du soupçon, ne nourrissoit que plus à son aise des sentimens auxquels je me prêtois innocemment. Amoureux de Ferdinande au point où on ne le fut jamais, & prévenu de l'engagement de la Marquise, il est aisé de croire que je n'avois pas la moindre vue sur elle. Loin de-là, je la félicitois quelquefois de sa prochaine union, & sur-tout avec un Seigneur dont j'entendois dire mille biens. En effet, ceux qui ont connu le Comte de R..... savent qu'il avoit hérité de toutes les qualités de ses Ancêtres; qu'il étoit plein d'esprit, brave, & par-dessus cela, beau & bien fait. Je ne fais aucune difficulté d'avouer qu'il n'y avoit guères qu'un caprice d'amour qui pût seulement nous mettre en concurrence. Quoiqu'il en soit, la Marquise alla beaucoup plus loin. Son cœur décida en ma faveur; malgré elle, peut-être, mais certainement malgré moi; car le même caprice qui la soumettoit à mon empire, m'enchaînoit irrésistiblement à Ferdinande. Tout ce qu'il y a, c'est qu'on jugera peut-être par ce qui va suivre, qu'il y

avoit

avoit de mon côté un peu plus de raison que du sien.

Dans la bonne foi où j'étois, je goûtai assez long-temps avec la Marquise toutes les douceurs d'un commerce agréable & poli. Je ne dirai pas que je n'y mêlasse quelquefois du tendre & du galant. Cela ne se pouvoit guères autrement, avec une Dame dont le mérite auroit même été au-dessous du sien. C'est ce qui sans doute la flatta d'abord; & comme il est rare en pareil cas de bien apprécier cette monnoie courante, il y a lieu de croire qu'elle l'évalua au dessus de son prix. Elle auroit dû songer, qu'outre qu'un jeune Cavalier n'a quelquefois des manières tendres & galantes que machinalement & par habitude, pour peu qu'il trouve de retour, il fait le passionné & entre en feu, souvent sans la moindre étincelle d'estime ni d'amitié. Pour moi, j'avois au fond l'un & l'autre à l'égard de la Marquise; mais elle y trouva peut-être l'amour que je n'avois pas.

Mes sentimens, quels qu'elle pût se les imaginer d'abord, ne laissèrent pourtant pas avec le temps que de lui devenir suspects. Je la vis peu-à-peu perdre cette joie avec laquelle elle avoit coutume de me recevoir. Sa gaieté, son enjouement, sa vivacité, dégénérèrent en mélancolie, langueur, indolence; & dans cet état, elle négligeoit même de paroître à la Cour. Aimée, chérie de la Princesse, son absence lui étoit trop sensible pour qu'elle ne s'en plaignit pas. Témoin de toutes ses plaintes, j'allois avec plaisir les raconter à la Marquise. Je l'exhortois, par la part que la Princesse prenoit à elle, de ne pas tant s'abandonner elle-même, de se ranimer, & de venir jouir de la faveur. Plusieurs fois je l'avois questionnée, avec plus de tendresse que jamais, sur ce qui pouvoit la chagriner & la réduire à cet état. Cette question sembloit chaque fois la mettre aux abois, & sans me rien répondre, elle détournoit les yeux de dessus moi. Vous me désolez, lui dis-je un jour qu'elle faisoit ce manége ; M. le Comte de R.…. vous est-il donc infidèle ? Touchant, sans y penser, les bords de sa blessure, elle fit un soupir capable de me confirmer dans cette idée. J'allois même lui parler conséquemment, lorsqu'elle la détruisit tout-à-fait. Infidèle ! repliqua-t'elle ; non, non :

la circonstance cent fois malheureuse où je suis, demanderoit, au contraire, que tous les hommes justifiassent ce qu'on dit d'eux à cet égard. Le bandeau que j'avois sur les yeux ne tomba point encore. Je voulus seulement éclaircir cette réponse; mais quelque chose que je fisse, je ne tirai rien de plus de mon aimable & tendre Marquise.

Cependant sa mélancolie, loin de diminuer, ne fit que croître. S'absorbant plus que jamais, on ne la vit plus à la Cour, ni même chez elle, c'est-à-dire, qu'excepté quelques amis; moi, sur-tout, qu'elle auroit dû exclure le premier, elle n'y étoit pour personne. La Princesse, & toute la Cour, soupçonnoient si peu le vrai motif de sa langueur & de sa retraite, qu'on prit l'alarme sur les indispositions qu'elle avoit toujours alléguées pour excuse. Les Médecins néanmoins n'y connoissoient rien. Le premier de tous qui mit le doigt sur le mal, fut le Chevalier, qui arriva & me questionna sur un air d'inquiétude que me donnoit réellement l'état de la Marquise.

Ce cher ami m'étoit déjà venu voir plus

d'une fois, mais presque toujours sans se débotter. N'ayant aucun plaisir à lui procurer, & ne voulant pas le voir languir auprès de moi, j'avois toujours beaucoup mieux aimé le voir aller, après nous être embrassés, & avoir appris de lui les nouvelles qu'il m'apportoit. Il en eût été cette fois comme des autres, si sa question sur l'air qu'il me trouvoit, ne m'eût fait naître le dessein de l'arrêter. L'ayant satisfait, je lui dis : Parbleu, l'ami ! toi qui as le cœur si bon, demeure & aide-moi pendant quelques jours à divertir cette malade. Je te promets que tu seras dédommagé, si par ta gaieté tu peux lui rendre celle qu'elle a perdue. Le Chevalier cédant volontiers à ma prière, je fus demander visite à la Marquise. Je l'obtins, & étant venu le reprendre, nous nous rendîmes chez elle.

Mon ami, quand il vouloit se donner la peine d'être gai, enjoué, divertissoit, malgré qu'on en eût. A peine eut-il fait sa révérence à la Marquise, qu'il fit pour elle ce qu'il avoit cru auparavant ne faire que pour moi. Je ne dirai pas qu'il fut excité par ses charmes, la mélancolie les avoit trop altérés ; mais un air de Cour, des manières fines, délicates, le difpoferent d'abord. Enfuite remarquant affez d'efprit, il répandit avec économie toute fa belle humeur. La Marquife obligée de répondre à mille traits d'enjouement, le fit, & même avec un goût que je n'avois vu depuis long-temps. Le Chevalier remarquant lui-même fes progrès, les pouffa. Il fe mit à lui faire la guerre fur fa mélancolie, mais avec tant d'agrément & d'efprit, qu'elle nous retint à fouper pour la lui voir continuer.

Pendant tout le fouper, mon ami, inépuifable, fe foutint. Jufques-là je ne lui avois pas fervi de grand' chofe. Il s'en plaignit, la Marquife l'appuya. En vérité, Madame, lui répondis-je, j'ai tant & tant de fois effayé de vous ranimer, & j'y ai fi peu réuffi, que je laiffe volontiers cette affaire à Monfieur, qui me paroît plus heureux que moi. Je connois depuis long-temps fes rares talens auprès des Dames. Jamais je ne les lui ai enviés, & peut-être ne les lui envierai-je jamais qu'à cette heure, où je voudrois pouvoir contribuer felon vos defirs à ce qu'il a fi heureufement commencé. Bon Dieu, s'écria-t'elle, que d'abus dans le monde ! Elle dit cela en fixant ſes regards ſur ſes mains jointes, puis les tournant ſur moi, elle ajouta : Vous me parlez de talens, ce n'eſt pas d'en manquer que vous devez vous plaindre, mais de ſavoir n'en pas faire un bon uſage. Voyez, Monſieur, dit-elle tout de ſuite au Chevalier, ne diroit-on pas qu'il veut nous en faire accroire ? Aſſurément, Madame, repliqua-t'il. Monſieur ne manqua jamais de ce qu'il vante tant en moi : mais l'eſprit qui ſuit toujours le cœur, fait que l'on eſt plus où l'on aime qu'où l'on eſt. La Marquiſe en poſſeſſion de ſoupirer, ſoupira encore : c'eût peut-être été toute ſa réponſe, ſi le Chevalier s'y fût tenu.

Déjà prévenu par quelques ſymptômes qu'il avoit remarqués, il ne cherchoit qu'à en provoquer d'autres pour conclure. C'étoit le but de ſes dernières paroles. Un ſoupir lui paroiſſant trop équivoque, il preſſa pour une réponſe en forme. Vous ne dites mot, Madame ? dit-il à la Marquiſe. Eſt-ce donc que je n'ai pas raiſon ? Que trop, Monſieur, repliqua-t'elle. J'ai quelquefois voulu en douter ; mais vous le voyez, & il en est toujours de même. Quel reproche, Madame, repliquai-je ! Judicieuse comme vous êtes, je m'étonne que vous ne vous le fassiez pas plutôt à vous-même. Il se peut qu'aujourd'hui je paroisse plus absent que vous; mais rappellez-vous, Madame, combien & depuis quel temps vous l'êtes en effet. Moi, s'écria-t'elle ? O Ciel ! Le sentiment, le regard dont elle accompagna cette exclamation, achevèrent de confirmer le Chevalier. Ce fut-là l'époque, ou du moins le premier soupçon d'un mystère qui éclata bientôt.

A l'heure que nous prîmes congé de la Marquise, marquant de part & d'autre une égale satisfaction de la soirée que nous avions passée, à peine me vis-je seul avec mon ami, qu'il me dit; voilà une aimable Madame. Quoi, les Médecins, ni toi sur-tout, ne connoissent rien à son mal ? Moi ? répondis-je. Oui, toi, repliqua-t'il ; & ne t'en déplaise, je ne te croyois pas si niais. Niais toi-même, repartis-je. Depuis quand voudrois-tu que je fusse devenu membre de la Faculté ? Si tu l'étois, interrompit-il, je te le par-

G iv

donnerois ; mais toi, disciple de l'Amour, tu ne sais pas le distinguer. Belle découverte, Monsieur le Chevalier, lui répondis-je ! Demain assurément je vous fais appeller en consulte. Je veux que produisant vos rares connoissances, vous fassiez la nique à tout le monde. Notre *Récipe* sans doute sera Mr. le Comte de R... Grande trouvaille ! Le moindre palfrenier de la Cour prononce sans vanité comme vous. Je suis bien aise d'ajouter pourtant que ceci ne paroît rien moins que probable ; que Madame la Marquise sait à quoi s'en tenir avec Mr. le Comte d'A..... ; qu'il presse plus qu'elle son retour ; qu'il doit arriver incessamment pour lui donner la main, & que par conséquent cela devroit l'égayer. Point du tout ; il semble, au contraire, qu'elle craigne ce retour, & que son mal vient de là plutôt que d'ailleurs. Justement, repliqua le Chevalier ; voilà mes bouriques. Peu s'en faut, ajouta-t'il, que je ne te prenne par les oreilles, & que je ne te prouve, en les bien frottant, que tu es la première de l'Europe.

Le Chevalier, pour finir toutes ses tirades, prit son sérieux, & me dit : Tiens, mon ami, si cette Dame n'est par amoureuse, & si son mal ne vient pas de t'aimer, je veux être aussi malheureux qu'elle. C'est jurer fort, ajouta-t'il, car les démons de l'enfer ne brûlent pas plus qu'elle. J'en juge, non pas sur ce que j'ai pu connoître par ses manières, mais de ce que prouve son état, & dont je m'étonne que tu ne te sois pas encore reconnu l'auteur. Son mal est si grand, poursuivit-il, qu'il ne peut plus durer long-temps. Il faut que la bombe crève, & gare les éclats.

Que la Marquise eût de bons sentimens pour moi, je le croyois; mais qu'elle les portât au point que prétendoit le Chevalier, cela me paroissoit une chimère. C'est ainsi que je traitai d'abord ce qu'il me dit; mais nous rappellant ensemble les circonstances du jour, & y joignant toutes celles que la mémoire put me fournir, je commençai à douter. Si je savois, lui dis-je, que cette conjecture fût vraie, je croirois ne pouvoir assez plaindre cette pauvre Marquise. Son amour, que je comparerois à celui que j'ai pour Ferdinande, la rendroit malheureuse pour jamais. Moi-même, je me croirois malheureux, &

G v

regretterois toute ma vie de l'avoir vûe. Donne-moi, ajoutai-je à mon ami, quelques bons conseils ; que ferois-tu si le cas t'arrivoit ? Ce que je ferois ? reprit-il ; entendons-nous d'abord. S'agit-il du galant-homme, ou de l'homme d'honneur ? En galant-homme, continua-t'il, tu peux bien des choses pour la Marquise ; mais en homme de probité & d'honneur, tu n'as qu'un parti à prendre. Quel ? lui demandai-je. C'est de lui confirmer avec franchise, si le cas y échoit, l'idée qu'elle peut avoir de l'état de ton cœur. Je sais que ce sera un caustique sur sa plaie : mais qu'elle use de sa raison, & tâche encore de l'y porter.

Cette conversation nous ayant conduit insensiblement jusques fort avant dans la nuit, nous nous mîmes au lit, mon ami & moi. Là je m'abandonnai à mille réflexions. Les yeux dessillés, je ris de plus en plus, & pensai bientôt comme lui. Rien de plus vrai, disois-je, mais rien de plus triste. D'une amie je cours risque d'en faire une ennemie, & le cœur me dit que je ne l'éviterai jamais. N'importe pourtant, espérons, & ne nous rendons pas malheureux avant le temps. Le Chevalier, ajoutois-je, m'a donné un bon avis, je le suivrai ; mais je crois que la même probité qui le dicte, m'oblige d'en uſer au plutôt. Pourquoi laiſſer empirer le mal ? Il n'eſt déjà peut-être que trop inacceſſible à la raiſon, & le temps d'ailleurs ne ſauroit être mieux employé qu'à le guérir. Faiſons-le donc. C'eſt ce que je réſolus, & que je communiquai le matin à mon ami.

Conſultant enſemble ſur la manière de m'y prendre, nous ne laiſſâmes pas que d'être embarraſſés. Le Chevalier, tout fertile qu'il étoit en expédiens, n'en trouvoit aucun. A la fin il me dit ; va chez elle. Perſuadé qu'elle ne demande qu'à ſe déclarer, ne t'embarraſſe ſeulement que de la mettre ſur les voies. Je crois que pour peu que tu entre après dans ſes vues, cela ſuffira : mais prends garde de n'y pas trop entrer, car cela quadreroit fort mal avec les ſentimens que tu te réſerves à lui marquer. Ce parti pris, je ne ſongeai qu'à l'exécuter. J'envoyai ſur le champ, à mon ordinaire, voir comment la Marquiſe avoit paſſé la nuit, & lui faire demander l'heure qu'elle ſeroit viſible. On me rapporta qu'elle n'avoit pas trop bien repofé ; mais que malgré cela l'heure de la voir feroit toujours l'heure accoutumée, & qu'elle me prioit même de n'y pas manquer. Diable ! me dit le Chevalier, il femble que le mal preffe. Je t'ai déjà dit que cela ne pouvoit aller loin. Peut-être n'auras-tu pas befoin de ce que nous venons de préméditer. En effet, hafard, pénétration, ou expérience, le Chevalier penfoit jufte jufques dans cette dernière circonftance, & l'événement le prouva bientôt.

M'étant rendu chez la Marquife, je ne fus pas peu furpris, après l'air ferein où nous l'avions laiffée la veille, de la trouver plus accablée encore que de coutume. Le vifage pâle, tiré, les yeux plus abattus que je ne croyois jamais les avoir vus, ne me certifioient que trop qu'elle avoit fort mal paffé la nuit. Suivant mon projet, je m'écriai en l'abordant : Grand Dieu, Madame ! pardon ; mais je vous trouve fi différente de vous-même, que vous me faites pitié. J'en fuis bien aife, répondit-elle. Afféyez-vous, & nous allons voir fi vous dites vrai. Obéiffant, elle reprit

Je vous fais pitié : hélas ! je le crois ; mais ce sentiment est bien peu de chose pour ma douleur. Jusqu'ici j'ai tâché de la surmonter, mais en vain, je n'y puis plus tenir. Cette nuit encore j'ai combattu, & ce combat n'a pas seulement produit l'effet que vous voyez, mais une défaite totale & de ce que je suis, & de ce que je me dois.

Seroit-il donc possible, continua-t'elle, que vous qui m'avez tant de fois demandé la cause de mon état, ne l'ayez jamais pénétré ? Plus d'une fois cela m'a surprise. Je m'y suis néanmoins toujours attendue ; mais hier vous me parûtes encore si éloigné du but, que j'ai résolu de franchir toutes les bornes & d'abréger tout délai. D'ailleurs le temps presse à tous égards. Mr. le Comte de R.... est sur le point d'arriver, & il faut que je sache auparavant la manière dont je dois le recevoir. Cela dépend de vous, ajouta-t'elle en me présentant la main. C'est vous qui êtes l'objet de mes peines. Je doute que femme au monde en ait jamais senti de pareilles, & vous en pouvez sur-tout juger par la démarche que je fais. Je vous offre ma main, ma fortune, & un cœur qui ne demande qu'à être éternellement à vous.

Pendant tout ce discours, je demeurai comme immobile. Je fus même quelque temps après comme si je n'avois su que répondre. A la fin, la parole me revint, & suivant mon plan je dis à la Marquise : Que ne suis-je, Madame, digne de tout l'honneur & de toutes les bontés que vous me marquez ! Je me le crois si peu, que cela seul auroit suffi pour éloigner de mon esprit toutes les idées flatteuses par lesquelles vous prétendez m'avoir provoqué. Mais à ce motif permettez que j'en joigne un autre : c'est que plus indigne encore que vous ne le pourriez croire, l'objet dont vous avez ouï parler, & pour lequel je suis ici en exil, me captive, m'occupe tout entier ; & que lié par mille sermens que le cœur a dictés, je n'ai non-seulement pensé à autre chose, mais que je ne pourrois sans horreur les sacrifier à l'honneur & aux avantages que vous m'offrez. Par-là je mettrois le comble à mon indignité. Vous-même, Madame, me retrancheriez jusqu'à l'estime & l'amitié que j'ai cherché en vous. Heureux de m'y borner, je vous prie seulement de me les conserver.

La Marquise aussi sensible à cette réponse qu'on peut l'attendre d'une femme, & sur-tout d'une femme vive & hautaine, ne se modéra que pour me dire d'abord : Quoi ? une bégueule de Provinciale vous tient assez au cœur pour la préférer à moi ? Je le craignois, sans pourtant le croire : mais puisque cela est, je vous proteste avec la même franchise que vous me l'avouez, que ce sera tant pis pour elle, tant pis pour vous, ou tant pis pour moi. Avant que d'avoir achevé ces mots, ses yeux déjà étincelans ressembloient à deux grenades allumées. Moi qui depuis long-temps, & sur-tout ce jour-là, la croyois plus morte que vive, je ne fus jamais plus étonné que de la voir se lever avec furie, & prête à me sauter au colet, jurant qu'après la honte dont je la couvrois, elle auroit ma vie, ou moi, la sienne. Je voulus la rappeller à la raison, mais j'y perdis mes peines. Enfin ne voulant pas augmenter le bruit, & attirer par-là les domestiques, je me retirai.

Le Chevalier étoit à m'attendre ; je fus

le trouver. L'oracle eſt rempli, lui dis-je; ou pour me ſervir de tes propres termes, la bombe a crevé, & gare les éclats. Ce ſeroit bien le diable, me répondit-il. Il eſt vrai que je te l'ai prédis; mais un oracle, comme tu ſais, ne dit pas toujours ce qu'il ſemble dire. N'importe, repliquai-je, tu es donc pire qu'un oracle, & tout ce que tu m'as prédit eſt arrivé à la lettre. Là-deſſus, je lui racontai comment la Marquiſe m'avoit elle-même prévenu; ſon préambule, ma réponſe, & finalement la fureur où elle s'étoit miſe. Parbieux, repliqua-t'il, mes anecdotes ſur le caractère général des femmes portent bien cela; mais l'exception qui confirme ordinairement la règle, me faiſoit eſpérer pour l'amour de toi, que celle-ci en ſeroit. Point du tout, repartis-je, & ſi j'en crois les apparences, je n'ai qu'à me bien tenir. Bon, bon, me dit-il, que cela ne t'embarraſſe point. Sais-tu ce qu'il faut que tu faſſes? Non. Il faut que tu ailles trouver la Princeſſe, que tu lui racontes, ſous le ſceau du ſecret, ce qui ſe paſſe; & je ſuis ſûr qu'ayant le bon droit de ton côté, elle mettra le frein à la Marquiſe. Je goûtai l'expédient, &

sans différer, je fus trouver la Princesse.

Quoiqu'elle n'eût avec elle que quelques Dames devant qui j'aurois pû m'ouvrir, je demandai néanmoins à lui parler en particulier. *Qu'y a-t'il donc?* me dit-elle. Les Dames se retirèrent en même temps, je lui racontai le fait. *Bon Dieu*, s'écria-t'elle, *qui l'auroit jamais cru! Va, va*, poursuivit-elle, *dors en repos; avant que le jour se passe, je lui parlerai.* La Princesse rappella les Dames; & soit qu'elle ne voulut pas leur faire part de ce mystère, soit qu'elle jugeât de ne le faire qu'en mon absence, on parla de choses indifférentes. Aussi-tôt que la bienséance me le permit, je fus rejoindre mon ami. Il apprit avec plaisir ce que m'avoit dit la Princesse. Fort bien, lui dis-je ensuite, mais pars; & sans plus t'embarrasser de moi, va te réjouir au logis, & sur-tout veiller à Ferdinande. Quoique je le pressasse, il ne voulut point partir qu'il ne sût auparavant le train que la Princesse feroit prendre à cette affaire. Je n'en doute presque pas, me dit-il; mais pourtant je suis bien-aise de voir.

Le lendemain, je ne manquai pas de me

rendre à la Cour à l'heure la plus congrue. Les mêmes Dames que j'y avois trouvé la veille, fidelle compagnie de la Princesse, étoient encore avec elle. A peine m'apperçurent-elles, qu'elles se mirent à rire, d'où je conclus qu'elles étoient instruites de l'histoire. Cependant je ne fis semblant de rien. Elles, de leur côté, défilèrent, & me trouvant seul avec la Princesse, elle me dit : *je vis hier la Marquise. Dans le fond elle est à plaindre. Ce n'est pas un amour qu'elle a pour toi, c'est une rage. Pourquoi donc ne l'aimes-tu pas ?* Moi, Princesse ? repartis-je, je l'aime, je la chéris de toute mon ame, mais comme amie, & rien plus. D'ailleurs je crois que c'est bien le meilleur pour elle. *Oui*, interrompit la Princesse; *mais si tu y penses, ce seroit bien aussi le meilleur pour toi. Elle est de bonne qualité, riche, jeune encore, & aimable, comme tu sais, lorsqu'elle n'est pas folle. Que veux-tu de plus ?* Rien, Princesse; c'est même trop pour un simple Gentilhomme comme moi; c'est pourquoi je laisse le tout à M. le Comte d'A… Qui sait même, si la lui ôtant, il ne faudroit pas me couper la gorge avec lui ? Or c'est ce que je ne suis pas d'humeur à faire tous les jours. *Poltron*, s'écria la Princesse ; *mais que cela ne t'inquiette point encore. La Marquise n'a aucun engagement qu'elle ne puisse rompre, & je te réponds du reste.*

Ne sachant pas que la Princesse ne cherchoit qu'à se divertir, je pris mon sérieux, & la suppliai instamment de me croire indigne du bien que me vouloit la Marquise. Je le serois, ajoutai-je, en l'acceptant. Je la tromperois, & sur-tout une autre, qui certainement ne le mérite point. *Ah! je t'entends*, répondit en riant la Princesse. *Voilà M. le Volontaire, ce qu'il falloit me dire d'abord, & j'aurois répondu que tu as raison ; qu'il faut être fidèle, inviolable, fut-ce même à son dam. C'est ce que j'ai représenté à la Marquise, à ton égard pourtant, & non au sien ; car entr'elle & le Comte, il n'y a rien de pareil, à ce que tu m'a révélé de toi-même avec ta Maîtresse.*

En effet, cette Princesse m'avoit mis plusieurs fois sur l'article de Ferdinande, & s'étoit plû à me faire raconter jusqu'aux moindres circonstances de mes amours.

Elle ajouta, qu'elle n'avoit pas seulement représenté à la Marquise l'amour & les sermens qui me lioient, mais qu'elle l'avoit forcée à m'estimer par mon refus même, & à convenir, les larmes aux yeux, qu'elle auroit tort de m'en vouloir du mal; qu'elle ne devoit s'en prendre qu'à son étoile, & ne songer qu'à faire usage de sa raison, pour vaincre l'ascendant qui la surmontoit. C'est par-là, ajouta la Princesse, que j'ai jugé à propos de la prendre; car, de son côté, j'ai d'abord senti qu'il n'y auroit rien sur quoi elle ne passât, & qu'elle infirmeroit tout. Du reste, elle consent de te voir comme auparavant: cela même convient, pour éviter le caquet: retournes-y à ton ordinaire, mais dans la suite je te conseille d'en user sobrement, & petit-à-petit d'y renoncer tout-à-fait. Je remerciai la Princesse dans les termes que la reconnoissance pût me suggérer, & promettant de suivre ses conseils, je me retirai.

Le Chevalier, à qui j'allai faire part de tout ceci, s'en réjouit. Voilà, me dit-il, tout ce qu'on pouvoit espérer; mais mon art prophétique ne me laisse pas sans inquiétude. Ni le mien, répondis-je. Ce qu'il y a de bon, c'est qu'ayant une fois la Princesse de mon côté, je crois que je l'aurai toujours: cela me suffit. Nous passâmes le reste du jour à réfléchir & à causer sur cette aventure. Je priai mon ami de n'en rien dire à Ferdinande. Il jura, au contraire, de lui en faire un trophée. Cela ne peut manquer, me dit-il, de lui revenir, & personne ne peut mieux que moi obvier à l'inquiétude que tu crains de lui causer. Enfin, il partit le lendemain, & je recommençai mon train.

Immédiatement après son départ, je fus à la Cour. La Princesse m'intima de nouveau de retourner chez la Marquise. Elle m'y envoya même, & j'obéis. Qu'on s'imagine un peu la figure que nous devions faire. Gens plus aguerris que nous auroient payé d'effronterie; mais nous en étions l'un & l'autre également incapables. Paroissant, elle ne savoit si elle devoit demeurer ou se cacher; & moi, si je devois avancer ou reculer. Cependant, faisant de nécessité vertu, nous nous abordâmes. Le dépit & la honte se lisoient, malgré elle, sur son visage; & je ne doute pas que le mien ne marquât pour le moins autant de timidité & d'envie d'être bien loin. Quelques domestiques étant-là fort à propos, la Marquise trouva le secret de les employer. J'en fus fort aise ; car si elle craignoit le tête-à-tête, je le redoutois encore plus qu'elle. Quoiqu'il y eût apparence qu'elle l'éviteroit jusqu'au bout, je ne laissai pas que d'abréger ma visite. Dans la suite, reprenant le chemin de la Cour, & recevant compagnie chez elle, nous fûmes beaucoup moins embarrassés. Mr. le Comte de R.... qui arriva aussi bientôt, mit le comble à tout. Ce fut alors que je me dispensai de la voir. Plût à Dieu qu'elle eût été après aussi tranquille que moi !

Malgré la réserve dont je me piquai, par égard pour elle, sur son aventure avec moi, cela n'empêcha pas qu'elle ne transpirât. J'ai déjà dit que les Confidentes de la Princesse m'avoient paru en être informées, je ne sais comment, mais elles l'étoient en effet. Celles-ci la sifflant à d'autres, il n'y eut guères d'oreille à la Cour qui n'en fût remplie. Plusieurs, en badinant, m'en glissèrent quelque chose, mais j'affectai d'être sourd. Cette conduite, qui revint à la Princesse, lui plut extrêmement. Je sus même que la Marquise s'en louoit, cependant cela ne me mit point à l'abri du ressentiment qu'elle me conservoit.

Le Chevalier, qui ne passoit guères la quinzaine sans me venir voir, reparut environ vers ce temps, & m'amena mon frère. C'étoit pour m'apprendre que le mariage de ma sœur ainée, que j'avois paru depuis long-temps souhaiter, alloit se conclure. Mon frère, & mon ami, me remirent des Lettres de mon père, de ma sœur, du Gentilhomme son futur, & de Ferdinande même, qui m'apprenoient toutes la même chose. J'y lus aussi qu'on étoit bien fâché que je n'y pusse assister, mais que pour s'en consoler, on viendroit immédiatement après me voir, & se réjouir avec moi. Cette nouvelle me charma. Pour récompense, j'embrassai derechef mes couriers, & je commençai par les fêtoyer.

Mon ami, qui ne manquoit rien moins que de mémoire, sur-tout pour ce qui me touchoit, me demanda des nouvelles de mon aventure. Je lui dis qu'il n'y avoit rien de plus que ce qu'il savoit, excepté que j'avois vu la Marquise, & que son embarras & le mien, ou plutôt notre air sot, n'auroit pas manqué de le divertir la première fois. Vous étiez donc bien déconcertés ? me répondit-il. Assurément. Je le crois, reprit-il ; mais encore que vous êtes-vous dit ? Rien : parbieux repliqua-t'il, on ne pouvoit moins. Et d'où diable venoit donc ce grand embarras, cet air si sot ? De nous voir, repartis-je. Juge, si nous étions entrés en matière, ce qu'il en eût été. Des domestiques, poursuivis-je, s'étant trouvés-là, nous n'avons eu que la peine de nous voir & de nous entretenir assez mal de choses indifférentes. Depuis je ne l'ai vue assiduement à la Cour ni chez elle, mais en campagne, & j'espère qu'il en sera toujours de même.

Après ce récit, le Chevalier m'apprit la façon dont Ferdinande avoit reçu celui de mon aventure. Loin d'en être inquiète, me dit-il, elle en est ravie ; mais pour ton père, ainsi que ton frère & moi, voudrions qu'elle ne fût jamais arrivée. Bon, bon, repliquai-je, imitons Ferdinande ; & puisqu'elle ne s'inquiète point, que rien non
plus

plus ne nous embarrasse. Cette nouvelle, à la suite de celles qui me réjouissoient déjà, me mit en si belle humeur, que je retins mon frère & mon ami deux jours entiers. Je ne cessai de leur recommander de veiller à la teneur de mes Lettres, & de remplir eux-mêmes la promesse qu'ils me faisoient d'amener Ferdinande immédiatement après la noce de ma sœur. Pour qu'ils y assistassent, il falloit les laisser aller. Je les embrassai donc ; & chargés d'autant de réponses qu'ils m'avoient rendu de Lettres, ils partirent.

Les réjouissances qu'alloit partager le Chevalier, nous avoient fait convenir que je ne le reverrois qu'avec tous les objets que convoitoit mon ame. Dans cette heureuse attente, je pris toutes les mesures que je crus nécessaires.

Le pied sur lequel j'étois à la Cour m'y obligeoit plus qu'on ne pouvoit le penser. Le Carnaval approchoit. Volontaire, & trop utile au plaisir, je n'avois pas seulement besoin, en cas d'absence, de l'agrément de la Princesse, mais pour ainsi dire aussi de toute la Cour. Cela étoit si vrai, que prévenant la Princesse publiquement, toutes ſes Dames (j'aurois peut-être la Marquiſe à excepter ſi elle y eût été) s'écrièrent d'une commune voix que je me moquois ; que c'étoit les abandonner au beſoin ; qu'elles n'ignoroient pas que le cœur m'appelloit en effet là plutôt qu'avec elles ; que cela même paroiſſoit naturel ; mais qu'*item* il leur falloit quelque choſe. *Hé bien !* repliqua la Princeſſe, *il ne ſera pas perdu. Vous l'aurez à portée, & je ſuis ſûre que pour vous faire plaiſir, il voudra bien ſe dérober quelquefois au ſien. D'ailleurs*, ajouta-t'elle, *je m'imagine qu'aucune de vous ne ſeroit fâchée de voir ces Beautés, qui ci-devant ont fait tant de bruit. Invitez-les avec lui, c'eſt un moyen ſûr pour qu'il ne vous manque pas.* Toutes applaudirent ; & moi, avec elles, je remerciai la Princeſſe.

Flatté au dernier point, mes remerciemens tombèrent enſuite ſur les Dames. Je les fis de manière, que répondant à tout ce qu'elles marquoient d'obligeant pour moi, ma reconnoiſſance n'éclatoit pas moins pour les bontés de la Princeſſe. Elle ne les borna pas ſeulement à ce qu'elle venoit de dire, mais elle ajouta encore en particulier, c'est-à-dire, retirée avec ses Confidentes, *que si cela me faisoit plaisir, il y auroit pour ma Compagnie des appartemens à la Cour.* Déjà ému, je pensai me troubler à cette offre si gracieuse. Princesse, m'écriai-je, il me seroit bien plus aisé de mourir, que de vous marquer combien je suis sensible à tant d'honneur & de bontés. Souriant, elle me répondit; *c'est tout plaisir que d'en faire à un joli garçon comme toi ; ne vois-tu pas comme chacun y applaudit ?* Oui, Princesse ; mais tout vient du Chef. *Tais-toi,* interrompit-elle, *& parle d'autre chose.* J'obéis, & changeant elle-même la conversation, je m'y conformai.

Aussi-tôt qu'il fut heure de retraite pour moi, je gagnai mon appartement. Joyeux, comme on le pense, je ne manquai pas de dépêcher la Tulipe pour donner avis à mon père, & par lui à toute la compagnie, des honneurs qui les attendoient. Je les exhortois sur-tout à se hâter d'en venir profiter; parce qu'outre le plaisir de les voir, des divertissemens qui valoient bien les leurs, étoient prêts à commencer. Cependant, j'eus encore le temps de voir arriver avant eux Mr. le Comte de R..... que je regardois comme le libérateur des devoirs pénibles que je continuois à la Marquise. Ce Seigneur, attaché personnellement au Prince, l'étoit de cœur à la Cour de la Princesse; je dis de cœur, parce qu'outre le penchant qu'il pouvoit avoir pour la Marquise d'A...., il en avoit un invincible pour le commerce des Dames. Son arrivée répandit une joie presque universelle. Il visita, & fut visité d'un chacun. Moi-même j'eus cet honneur, & il ne me fut pas difficile de me confirmer dans l'éloge que j'en avois souvent ouï faire. Prévention, ou sympathie, je ne l'eus pas plutôt vu que j'inclinai pour lui; & j'eusse été très-fâché, quelque peu d'amour qu'il ait eu pour la Marquise, de l'avoir traversé. Il faut croire, que plus malheureux, je ne lui revins pas tant. Du moins il ne se fit pas difficulté de me traverser, & de se prêter contre moi à la plus indigne manœuvre. On s'étonnera, après ce que j'en ai dit, du reproche que je lui fais : mais un homme n'est pas sans mémoire, pour en avoir manqué une fois. D'ailleurs il fut induit, & sa faute en elle-même peut passer dans ce siècle pour une peccadille héréditaire dans les grands hommes.

Quoiqu'il en soit, je me liai avec Mr. le Comte de R...., comme si je n'en avois eu rien à craindre. Il me gracieusoit même au-delà de mon attente, sur-tout ayant disposé moi-même la Marquise à lui ouvrir les bras, & y étant fort assidu. Je la négligeois alors totalement, & n'en avois vraisemblablement rien de bon à espérer. Malgré ses mauvaises insinuations, supposé qu'elle n'y mit point de délai, son amant ne m'en montroit rien. Il se pourroit bien qu'elle ne lui en donnât d'abord aucune. Les femmes, piquées du côté qu'elle l'étoit, mesurent ordinairement leur coup; & pour n'en pas faire à deux fois, elles attendent que l'occasion leur promette une victime. Alors elles perdent toutes mesures, & dûssent-elles se sacrifier elles-mêmes, n'importe. C'est ce qu'on verra dans la Marquise. Voulant se venger de moi, elle se perdit; & toute perdue qu'elle étoit, elle voulut le faire encore, & ne réussit pas mieux.

Enfin, les réjouissances du mariage de ma sœur étant finies, j'appris par un exprès qu'il ne s'agissoit plus que de venir me trouver. Mon père qui m'écrivoit, me représentoit entre autres choses, qu'il ne croyoit pas qu'on dût aller en si grande compagnie ; qu'il falloit user avec discrétion des bontés de la Princesse ; & que puisqu'il s'agissoit de prendre des appartemens à sa Cour, il ne laisseroit aller que les mariés, ma sœur cadette, Ferdinande, & le Chevalier ; qu'il en excluoit mon frère, à cause de la délicatesse de sa santé, & lui-même, parce qu'il aimoit mieux le repos ; qu'il viendroit me voir, mais lorsqu'il jugeroit pouvoir être plus tranquille avec moi ; que ce seroit au retour des autres, & sans délai.

Dans tout cet arrangement, je ne trouvois à redire que mon père. Tout âgé, tout amateur du repos, & tout peu courtisan qu'il fût, j'aurois néanmoins souhaité ardemment qu'il eût été de cette partie. C'est ce que je lui répondis, en approuvant le reste, & lui renvoyant sur le champ son messager. Cependant, comme je jugeois assez que je n'obtiendrois rien, je fus trouver la Princesse, & lui rappellant civilement ses offres, je ne lui annonçai que cinq personnes, dont l'une, l'ami qu'elle n'ignoroit pas être souvent venu me voir, logeroit, à son ordinaire, avec moi. *Comment*, me dit-elle, *c'est-là toute la noce ?* Princesse, répondis-je, je n'ai pas cru qu'il s'agît d'une noce, mais d'une discrétion. Elle rit de ma réponse, & me dit *que j'étois si aisé à satisfaire, que cela ne valoit quasi pas la peine. J'ordonnerai pourtant*, ajouta-t'elle, *& tu peux, quand tu voudras, faire paroître ta discrétion.* Brûlant du même zèle que moi, repliquai-je, dans deux jours, Princesse, elle arrive, & elle aura l'honneur de vous faire sa très-humble révérence.

Tranquille, & sans m'embarrasser de rien, j'appris le lendemain qu'on préparoit à mes chères convives un pavillon entier. Toutes les Dames, excepté sans doute la Marquise, se réjouissoient de leur arrivée. Elles me pressoient d'aller au-devant, comme pour la hâter encore. Cependant je ne le fis qu'au temps marqué. Ne voulant pas même risquer les frontières, je ne fus qu'à quelques lieues. C'est-là qu'appercevant de loin le convoi de ce que j'avois de plus cher, je fendis l'air, pour ainsi parler, ne pouvant ré-

H iv

sister à quelques minutes. Sans m'arrêter au Chevalier & à mon beau-frère qui précédoient à cheval, je me précipitai dans la voiture où étoient mes sœurs & Ferdinande, auprès de laquelle je trouvai une place. Je laisse aux amans, à ceux qui jamais ont aimé véritablement, de juger de mes premiers & délicieux transports. Je n'aurois non plus songé à féliciter ma sœur sur son mariage que j'avois fait son époux, si celui-ci venant me parler à la portière, ne m'eût fait souvenir que j'avois ce devoir à remplir. Je m'en acquittai, ainsi que du reste ; & approchant insensiblement, je descendis pour remonter mon cheval que menoit mon valet.

Quoique j'eusse prié la Princesse de me laisser faire, & que je lui eusse dit que je suffirois à prendre soin de mes voyageurs, je trouvai néanmoins en descendant au pavillon deux Gentilshommes pour les recevoir. Cela fit que presque aussi-tôt je fus annoncer à la Princesse l'arrivée de ma compagnie, & lui présenter ses respects, en attendant qu'elle vînt s'en acquitter. Fatiguée de la route, il lui falloit quelque repos. La Princesse y entra si bien, que fixant elle-même le jour de son audience, elle la renvoya jusqu'au surlendemain. Mes voyageuses apprirent ce délai avec plaisir. Par-là elles avoient le temps de se remettre, de reprendre la fraîcheur de leur teint, & de se préparer, en un mot, à soutenir la réputation de leurs charmes.

Le jour & l'heure étant venus, je fus moi-même leur introducteur. Comme Ferdinande & mes sœurs m'avoient marqué qu'elles seroient bien aises de ne pas se trouver tout-d'un coup au milieu de tant de monde, la Princesse que j'avois prévenue, m'avoit accordé de les recevoir premièrement dans son particulier. Je les conduisis donc au lieu où elle se tenoit. Son Altesse s'y trouvant, avec quelques Dames seulement, ce fût-là qu'elle reçut ma chère petite compagnie, avec cette politesse, cette affabilité qui lui gagnoit tous les cœurs. J'eus bientôt la satisfaction de voir qu'elle ne se déplaisoit pas à l'audience qu'elle donnoit. Ferdinande, sur-tout, attiroit ses regards & la plupart de ses questions. Timide, elle parut d'abord embarrassée. Cependant elle se rassura, & rattrapant peu-à-peu cette liberté qui donne l'agrément au maintien & au discours, elle s'attira tant de louanges de la Princesse, que cela plus que le reste pensa la déconcerter. Pour la ménager, Son Altesse en train d'éloges tomba sur mes sœurs, de-là sur mon beau-frère, & mon ami le Chevalier. Enfin elle se leva, & tous également contens nous la suivîmes au milieu de toute la Cour.

Quoique je m'imaginasse bien que la curiosité la rendroit ce jour-là plus nombreuse qu'à l'ordinaire, je fus néanmoins surpris du monde que j'y trouvai. Non-seulement toutes les Dames, sans en excepter la Marquise, mais presque tous les Seigneurs de la Cour étoient à nous attendre. Par bonheur que Ferdinande venoit de s'enhardir un peu, & que la Princesse encore la prit pour ainsi dire sous ses ailes : je ne crois pas qu'autrement elle eût jamais pu tenir aux regards des Dames, & aux complimens galans dont chaque Cavalier l'accabloit. Parmi la foule des Messieurs, je remarquai que Mr. le Comte de R.... n'étoit pas un des moins empressés. Hélas ! je ne prévoyois guères que l'ardeur qu'il marquoit, & dont je recevois même un certain plaisir, dût bientôt me jeter dans les plus grands troubles. Cette entrée s'étant ainsi passée, nous nous retirâmes, & allâmes, ma compagnie & moi, nous féliciter dans notre particulier de tout ce qu'elle avoit eu de flatteur & d'agréable.

Cependant, Ferdinande faisant autant de bruit à la Cour qu'elle en avoit ci-devant fait à la Ville, on ne demandoit qu'à la voir chez elle ou ailleurs. Autant qu'elle pouvoit, ce n'étoit que chez la Princesse. Nombre de Cavaliers, dont les uns n'y paroissoient auparavant qu'une fois le mois, les autres une fois l'an, devinrent si assidus, que les Dames en murmurèrent hautement. Dès-lors la Marquise d'A.... jalouse, plus qu'aucune, & qui outre cela me gardoit tout son fiel, machina ce que l'on auroit peine à croire, si dans son cas une femme pouvoit quelque chose d'incroyable. S'appercevant que le Comte de R.... prenoit un singulier plaisir à faire le galant auprès de Ferdinande, & qu'il la négligeoit même pour elle, elle fit taire sa jalousie pour n'écouter que sa vengeance, ou plutôt pour les satisfaire l'un & l'autre. Loin de marquer à son amant le moindre mécontentement, il sembloit que ce qu'il prodiguoit à sa rivale s'adreſſoit à elle. Quand même elle ſe feroit oppoſée au Comte, peut-être n'y auroit-elle pas gagné grand'choſe; mais voyant le contraire, il garda ſi peu de meſures, que chacun en cauſa, & que j'aurois pris l'alarme, ſi Ferdinande m'avoit paru moins ſûre.

Au milieu de tout cela commencèrent les divertiſſemens du Carnaval, c'eſt-à-dire, les Bals, qui pendant un mois devoient ſe donner deux fois par ſemaine. Ardent à me nuire, ſans pourtant le penſer ni le vouloir, j'avois fait venir de Paris pour mes ſœurs, & en particulier pour Ferdinande, les habits les plus galans, & tout ce que je m'étois imaginé de plus propre à relever leurs charmes. Elles ne parurent jamais avec le même ajuſtement, & chaque fois je puis dire qu'elles l'emportoient, ſinon en magnificence, du moins en bon goût. Il eſt ſûr que Ferdinande, dont la parure relevoit encore les attraits, ne pouvoit que fortifier & augmenter le penchant que

Mr. le Comte de R.... avoit pour elle. Tout le monde s'étoit attendu, pendant ce même Carnaval, à la conclusion de son mariage avec la Marquise d'A...... Voyant qu'il n'en étoit pas même question, que le Comte, au contraire, changeoit tout-à-fait d'allure, & que Ferdinande sembloit lui faire oublier la Marquise, on ne balança pas de croire qu'il n'y eût de la révolution dans ses sentimens, & d'en craindre beaucoup de lui à moi.

Soit bienveillance ou bonté de cœur de la part des Dames, soit jalousie, plusieurs communiquèrent leur crainte à mon beau-frère & au Chevalier, & prétendirent qu'il seroit de la prudence que Ferdinande se retirât de la Cour. Nous n'avions pas été jusques-là à délibérer sur le cas. Nous le fîmes encore, & malgré tous, Ferdinande sur-tout, je voulus qu'elle restât. Cela, lui dis-je, ne feroit honneur ni à vous ni à moi. On ne manqueroit pas, si vous disparoissiez, de dire que j'y ai part, & de m'accuser par-là de jalousie, & d'être par conséquent le premier à vous croire capable d'inconstance. Demeurez, ajoutai-je; n'en faites ni plus ni moins que vous avez fait jusqu'ici. Rendez à Mr. le Comte de R... les honnêtetés & les politesses qu'il mérite. Je ne crois pas que l'amour lui fasse jamais oublier qu'il est homme d'honneur. Cela étant, je n'ai pas plus à craindre de lui que de vous.

Ce raisonnement étoit beau & bon. Il ne me manquoit que de faire un peu plus d'attention à la Marquise, & de songer qu'elle seule étoit capable de le renverser. C'est à quoi néanmoins aucun de nous ne songea. Il est vrai qu'elle paroissoit tranquille, joyeuse même de la route que prenoit le Comte de R...; mais nous en rejetions la cause sur l'espèce de petite vengeance qu'elle trouvoit par-là. Loin de nous alarmer, elle servoit, au contraire, à nous tranquilliser; nous imaginant quelquefois que l'empressement du Comte n'étoit qu'un jeu qui se faisoit de son consentement, & qu'elle savoit d'ailleurs à quoi s'en tenir. Hélas! elle ne le savoit que trop.

Persuadé que M. le Comte de R... étoit l'homme du monde le plus propre à me ravir ma proie, cette proie qu'elle accufoit lui avoir fait manquer la fienne, & caufé l'affront le plus fanglant, elle animoit elle-même fon amant, & lui avoit généreufement rendu fa foi, pour époufer Ferdinande, s'il le pouvoit. C'étoit là ce qui faifoit que fon mariage avec le Comte étoit pendu au croc. Peut-être ne fongeoit-elle pas feulement à fe venger, mais à me rappeller, fi Ferdinande flattée par toutes fortes d'avantages pouvoir; m'être infidelle. Quoiqu'il en foit, elle ne réuffit qu'à faire éclater fa honte & à l'obliger d'aller fe cacher.

Le Comte de R... amoureux, n'oubliant rien pour charmer, & voyant qu'il n'avançoit pas plus un jour que l'autre, réfolut, pouffé fans doute par la Marquife, d'éblouir enfin ma chère Ferdinande par tous les avantages de fon alliance. Il les lui offrit; mais à pure perte pour lui, & par gain pour elle. Charmée de l'occafion, elle me rendit ce qu'en pareil cas j'avois fait pour elle avec la Marquife; & par un refus honnête, elle me prouva qu'elle n'étoit ni moins généreufe, ni moins attachée & conftante que moi.

Glorieuse d'une preuve de cét éclat, elle n'eut rien de plus pressé que de me la communiquer. Le Comte lui fit sa proposition dans un Bal, après l'avoir attirée & fixée dans un coin pour autant de temps qu'il lui en falloit. J'apperçus ce manége. Loin de m'en embarrasser, je ne m'en mis pas plus en peine que de la voir voltiger. Cependant la voyant ensuite occupée à chercher, & jugeant que c'étoit moi, j'allai à sa rencontre. Bon, me dit-elle! venez; j'ai quelque chose de curieux à vous apprendre. Elle me tira à son tour dans un coin du Bal, & m'étala avec joie le sacrifice qu'elle venoit de me faire. C'en étoit bien un en effet, & tel qu'on n'en vit guères; car outre que le Comte n'avoit rien que de beau & de bien fait, c'est qu'il étoit riche, qualifié, & en passe de tout espérer. Indifférente à tout cela, & à l'amour même, brochant pardessus tout, Ferdinande n'avoit répondu au Comte que par une profonde révérence, le remerciant de l'honneur qu'il lui faisoit, & protestant que si son cœur étoit à elle, il seroit à lui, mais qu'il avoit déjà trouvé maître. C'est tout ce qu'elle me dit. Malgré une violente démangeaison de lui sauter au col & de l'embrasser, je différai jusqu'à la fin du Bal & notre retour chez elle. C'est alors que la prenant dans mes bras, je me félicitai mille & mille fois du bonheur de sa préférence; je l'en remerciai par autant de baisers, & nous jurâmes derechef de nous être fidèles, au mépris des Trônes mêmes & des Couronnes.

Cependant tous les nôtres étant là présens, & apprenant de quoi il étoit question, nous en félicitèrent comme d'une chose finie, & qui vraisemblablement n'auroit pas d'autre suite. Qui ne l'auroit cru ? Mais tandis que nous nous réjouissions, le Comte étoit peut-être à faire à la Marquise le triste récit de son refus, & à l'écouter sur une machination diabolique, que sa vengeance tramoit & fit bientôt éclore. Quelque penchant que j'aie toujours eu à justifier le Comte, je ne le puis à présent. Le projet a dû lui déplaire d'abord; mais si l'on ajoute la part qu'il avoit dans le mépris qu'on faisoit de lui, il est inconcevable, même impardonnable, qu'il s'y soit prêté. J'avoue qu'il prétendit n'avoir jamais su le motif qui faisoit agir la Marquise. Mais ne devoit-il pas le pressentir, ou tout au moins juger qu'une conduite aussi peu naturelle ne pouvoit avoir sa source dans le désintéressement & l'amour chimérique dont se paroît la Marquise.

Quoiqu'il en soit, Ferdinande, moi, & tous les nôtres, jugeant que nous n'avions rien à craindre, ne songeâmes qu'à nous divertir mieux que nous n'avions encore fait. Il ne restoit plus que deux Bals. J'avois prévenu la Princesse d'un déguisement dont je voulois lui donner le spectacle. C'étoit de paroître en France, comme j'avois fait dans les soupers de mon illustre Maître. Pour cet effet, j'avois écrit à Robillard, le priant de s'informer à l'Abbé où il avoit eu autrefois ses peaux de chiens colorées, & de m'en envoyer quatre habits. Justement ils arrivèrent. Suivant mes ordres, je les trouvai décorés; l'un pour représenter le Dieu Pan, deux des Satyres, & le quatrième un Faune. Dans le fond, je n'en avois besoin que de trois; mais j'en avois mandé un de plus, pour qu'au cas qu'ils n'allassent pas bien, il put servir à raccommoder les autres.

La précaution fut inutile. Robillard m'avoit si bien servi sur la mesure que je lui avois envoyée, que le tailleur, qui nous l'avoit prise au Chevalier, à mon beau-frère & à moi, n'eut presque rien à y retoucher.

La Princesse, ni personne, ne savoit en quoi consistoit le déguisement que je voulois me donner. Je n'avois d'ailleurs parlé que de moi; parce que si mes habits n'étoient point venus du tout, ou à temps, je voulois tenir parole avec l'ancien que m'avoit procuré l'Abbé, & que j'avois retrouvé dans mes coffres.

Le jour du Bal étant venu, nous nous habillâmes; c'est-à-dire, que le Chevalier prit l'habit du Dieu Pan que je lui avois destiné, mon beau-frère celui d'un Satyre, & moi, comme anciennement, celui d'un Faune. Ferdinande en Diane, mes sœurs en Chasseuses, s'équippèrent aussi magnifiquement, & de manière, que faisant plus que jamais assaut de graces & d'attraits, nous pussions ce jour-là étonner, frapper, & faire, en un mot, qu'en gros & en détail il n'y en eût que pour notre troupe. Quoique préparés de bonne heure, nous affectâmes de ne nous rendre que lorsque leurs Alteſſes & tout le monde le ſeroient déjà. Enfin nous partîmes. Pan & Diane paroiſſant les premiers, produiſirent d'abord l'effet que nous attendions. Satyre enſuite avec ſa Chaſſeuſe, & moi, Faune, avec la mienne, nous mîmes le comble à tout. Il n'y eut point de Dames qui voyant Pan, Satyre & Faune, ne vouluſſent fuir, croyant qu'ils étoient réellement nus. Cependant la chaſte Diane & ſa ſuite, les raſſurèrent. Quelques Meſſieurs auſſi crédules, mais pourtant moins timides qu'elles, nous touchèrent, & ſur leur rapport, elles ne penſèrent, au lieu de fuir, qu'à s'attrouper autour de nous, & nous conſidérer. Malgré l'obſtacle de la foule, nous perçâmes juſqu'à leurs Alteſſes. Le premier mouvement de la Princeſſe fut de ſe mettre la main devant les yeux, & il n'y eut jamais que le Prince qui pût la lui faire ôter.

Pendant plus d'une heure, on ne fit que nous examiner. Depuis le Prince, juſqu'aux Officiers qui ſervoient les rafraîchiſſemens, il n'y en eut point qui ne voulût lever ſon doute en nous touchant. Les Dames mêmes s'enhardiſſant tout-à-fait, eurent leur tour ; & c'étoit quelque chose de risible que de voir la manière dont elles promenoient leurs mains blanches du haut en bas de nos espèces de nudité. Je ne sais si je dois le dire, mais la Marquise qui ne quitta son masque de tout le Bal, revint sur moi plus de dix fois ; & fatigué, je fus obligé de lui dire : *Beau Masque, ne laisserez-vous donc jamais les Faunes en paix ?* Pour le Comte, il changea d'allure avec Ferdinande. Au lieu de la suivre comme il avoit coutume, & de la tracasser, il se contenta de quelques complimens qu'il mêla à ceux de la foule.

Leurs Altesses furent si contentes, & du déguisement de ma troupe, & de plusieurs danses convenables auxquelles nous nous étions exercés à tout hazard, qu'avant de se retirer, elles nous prièrent de leur donner à la clôture des Bals le même spectacle. Nous le leur promîmes, & se retirant, la fatigue nous obligea presqu'aussi-tôt de les imiter.

Comme le temps étoit court, nous l'employâmes tout entier à nous préparer pour donner à leurs Altesses quelque chose de nouveau dans la répétition de notre mascarade. Nous nous exerçâmes à de nouvelles danses, mais à huit, parce que nous invitâmes deux Gentilshommes, qui se joignirent avec plaisir à nous, pour paroître sous les deux habits qui me restoient. L'un étoit neuf, l'autre vieux. Tous deux avoient besoin de grandes réparations, sur-tout le vieux, qui outre la taille à réformer, demandoit un nouveau coloris. Nous envoyâmes donc sans délai chercher tailleur & peintre, & tout fut prêt à temps. Cependant l'habit vieux nous désoloit un peu. Sa couleur étoit bien réparée, mais n'ayant pas eu le temps de sécher, il exhaloit une odeur assez désagréable. N'importe, dîmes-nous, peut-être cela passera-t'il : en tout cas, ceux qui s'en trouveront fatigués, n'auront qu'à se boucher le nez.

Le parti étant pris, & l'heure nous pressant, nous nous habillâmes. Outre un Satyre & un Faune, le Dieu Pan s'en trouvoit pour sa suite deux de chaque espèce. Nous sentîmes encore mon camarade le Faune ; il ne nous parut pas si puant. Comme les Dames étoient le plus à craindre, nous le fîmes aussi sentir à Ferdinande &

à mes sœurs. Elles avouèrent bien qu'il puoit un peu plus que de raison, mais que pourtant cela pourroit passer, & qu'il falloit seulement prendre garde de ne pas trop s'échauffer. Enfin nous allâmes. Etant attendus, cette seconde fois nous ne fîmes pas un abord si divertissant que la première. On s'étonna seulement de voir la troupe grossie, & sans songer que j'avois des habits de relais, on ne pouvoit comprendre d'où & comment ils s'étoient trouvés en si peu de temps.

Avant que de pénétrer jusqu'à leurs Altesses, j'entendis à regret que mon Faune fraîchement coloré se faisoit déjà sentir. Quelques nez délicats furent dans l'instant frappés de son odeur. Cependant cela ne nous empêcha pas d'aborder, & de nous présenter à leurs Altesses, qui ne parurent pas moins charmées qu'elles l'avoient été la première fois. Comme il ne s'agissoit plus de nous examiner, nous nous mîmes bientôt à danser. Ce fut alors que mon Faune, ne pouvant pas bien avoir égard à l'avis qu'on lui avoit donné de ne pas s'échauffer, exhala une puanteur insupportable. Elle étoit si marquée, qu'on ne pouvoit s'y tromper. Quelle odeur, crioit-on ! Quelle peste ! Fi, Messieurs les Sylvains, retirez-vous, ou nous allons le faire nous-mêmes. Quelques-uns s'approchant de plus près, démêlèrent l'auteur du mal. Que celui-ci, crièrent-ils, s'en aille seulement ; c'est un bouc qui a eu l'audace de se glisser parmi nos Dieux & demi-Dieux. Nous-mêmes étant infectés, nous priâmes notre confrère de se retirer. Il le fit ; mais cela n'empêcha pas qu'une fois troublés, nous ne le fussions tout le reste du Bal, & qu'au lieu de plaisir je ne sentisse que de la mortification. Hélas ! ce n'étoit peut-être pas tant l'effet de ce chétif accident, que le pressentiment de celui qui étoit prêt à m'accabler.

J'ai déjà dit que ce Bal étoit le dernier. Leurs Altesses, pour se préparer au temps de pénitence qui succédoit immédiatement, se retirèrent de meilleure heure que de coutume. Toute la Cour en fit de même, & nous par conséquent. Ayant remis à l'ordinaire Ferdinande, mes sœurs & mon beau-frère dans leur pavillon, nous gagnâmes, le Chevalier & moi, notre gîte, te. Le Gentilhomme, qui nous étoit demeuré, nous y conduisit, & de-là il alla chercher le sien. Malgré les accidens passés & à venir, je ne laissai pas que de bien reposer. C'étoit sans doute un bienfait de la Providence, qui vouloit par avance me dédommager de tout le repos que j'allois perdre. N'ayant ni parties de plaisir, ni autre chose en tête, je dormis jusqu'à ce que la Tulipe vint me réveiller. Quel réveil, grand Dieu ! C'étoit pour me dire que Ferdinande & ma sœur cadette étoient disparues, & qu'on ne savoit comment ni par où.

Foudroyé pour ainsi dire, ou plutôt extravagant, je demandai à mon valet, si ce n'étoit pas lui qui extravaguoit. Non, parbieux, Monsieur, me répondit-il; ou si j'extravague, ce n'est qu'après le laquais de Monsieur votre beau-frère, qui vient de paroître, & qui s'en est retourné sur le champ. Je me lève avec transport, je saute à bas du lit, & courant moi-même au Chevalier qui couchoit dans une petite chambre à côté de la mienne, je lui criai : *alerte, mon ami, alerte ! nous sommes perdus.* Quoi donc, me dit-il en sursaut, qu' a-t'il ? Lève-toi, dépêche, allons & voyons. Sans lui en dire davantage, je le laissai, & allai vîte passer un habit. Revenant sur mes pas, il étoit déjà debout, & presque aussi avancé que moi. Bon, lui dis-je, je retourne encore ! & lui prenant ce qui lui manquoit encore, il vint achever de s'habiller auprès de moi. Qu'as-tu donc ? me demanda-t'il derechef; parle au moins, & que je sache quel désastre t'anime, & doit m'animer avec toi. *Bon Dieu*, m'écriai-je, *comment ne le sens-tu pas ? Ferdinande & ma sœur sont disparues ! Quelle autre chose pourroit me transporter au point où je le suis !*

Le Chevalier presqu'immobile s'arrêta, & alloit peut-être me faire le même compliment que j'avois fait à la Tulipe, si je ne l'avois prévenu. Vîte donc, morbieu ! lui criai-je, ce ne sont pas des fariboles que je te compte. Enfin nous sortîmes, équipés comme il plût à Dieu, & bientôt nous ne fûmes que trop persuadés de la vérité du fait. Entrant au pavillon, l'air seul de mon beau-frère & de ma sœur, toute éplorée, nous le certifia. A peine l'un & l'autre purent-ils ouvrir la bouche pour nous dire que s'éveillant & s'étant levés, ils étoient entrés & n'avoient trouvé personne ; que cependant ils n'avoient entendu aucun bruit, & que n'ayant trouvé ni bréche, ni portes, ni fentes ouvertes, ils ne pouvoient comprendre comment cela s'étoit fait. La vérité est qu'il falloit qu'ils dormissent très pesamment, & qu'un maudit laquais qui y couchoit encore plus près, fût pire qu'une marmotte pour n'avoir pas entendu le bruit qu'elles durent naturellement faire.

Ces impitoyables dormeurs ne pouvant nous donner la moindre instruction, je tombai réellement dans le désespoir. On les a enlevées, dis-je au Chevalier ; mais qui ? le Comte, sans doute ; je jure qu'il périra. Oui, m'écriai-je, tu périras traître, & fût-ce au fond des Enfers je t'y découvrirai, pour t'y laisser à jamais. Ferdinande, ajoutai-je, ma chere Ferdinande, où êtes-vous ? Encore si je savois la route qu'on vous a fait prendre, mais non. Ce que je sais néanmoins, & qui me console, c'est que vous me serez inviolable, & que si le lâche pousse l'insolence à un certain point, vous ne m'attendrez point pour l'en

J ij

punir. Faites, & le Ciel, loin de vous en vouloir, vous en saura gré. Cependant, poursuivis-je au Chevalier, c'est ici, cher ami, qu'il faut faire voir ce que nous sommes. Allons, suis-moi, & qu'au plûtôt l'Univers en parle.

Le Chevalier me voyant tout en furie, crut qu'il n'étoit pas temps de marquer lui-même ce qu'il ressentoit. Au lieu de se prêter à mon transport, il ne me suivit que pour m'arrêter, lorsque j'étois déjà prêt à sortir, & à courir peut-être en vrai Maniaque. Où vas-tu ? me dit-il : Ecoute ; ce n'est pas en nous emportant que nous remédierons le plus promptement ni le plus sûrement à cette affaire ; c'est en raisonnant, & en prenant des mesures justes. Or, je crois que la prudence, le devoir même t'oblige d'aller d'abord trouver la Princesse, de lui apprendre l'attentat commis dans son Palais, & de lui en demander provisionnellement justice ; moi, de mon côté, je vais envoyer à tous les passages, dépêcher des gens sur toutes les routes, pour qu'à leur rapport nous puissions en prendre une sûre, ou tout au moins ne pas courir tout-à-fait au hazard comme des forcenés.

Malgré le peu de raison qui me restoit, j'en eus néanmoins assez pour goûter cet avis. Mon beau-frère & ma sœur l'appuyant de toute leur force, je m'y rendis; & au lieu d'aller inutilement battre la campagne comme j'aurois fait, je fus donner avis à la Princesse de ce qui se passoit.

Le désordre où j'étois, & auquel je n'avois pas même fait attention, me fit regarder avec étonnement de toute la Cour. Demandant à parler à la Princesse, on me dit qu'elle n'étoit pas encore visible. Je priai d'y voir, & de m'annoncer pour une affaire pressée. La Princesse étonnée, & jugeant qu'il falloit qu'il y eût en effet quelque chose de bien extraordinaire pour demander audience à cette heure, ordonna de me faire entrer. Voyant mon air, mon équipage, son étonnement redoubla. *Bonté*, s'écria-t'elle, *comme te voilà fait!* Pardon, Princesse, lui répondis-je, la circonstance où je suis est encore pire que tout cela. *Quoi donc? qu'y a-t'il?* Je viens me jeter aux pieds de Votre Altesse, pour lui demander justice d'un attentat commis dans son Palais, sous ses auspices, que dis-je! fous fes yeux, fans refpect, ni pour Dieu, ni pour votre illuftre perfonne, ni pour l'innocence même. Effrayée pour ainfi dire, elle me preffa d'achever. Ferdinande, pourfuivis-je d'un ton lamentable, Ferdinande & ma sœur cadette font difparues; on les a enlevées.

La Princeffe & les Dames qui affiftoient là à fa toilette, frappées au dernier point, ne favoient fi elles devoient m'en croire. Il n'eft que trop vrai, m'écriai-je, mes yeux l'ont vu, & je foupçonne fans peine le coupable téméraire. *Qui?* demanda fubitement la Princeffe. M. le Comte de R...... répondis-je avec la même promptitude. *Oh! pour cela*, repliqua-t'elle, *c'eft ce que je ne puis croire. La penfée m'en eft bien venue d'abord, mais j'ai tout lieu de la combattre.* Cependant, ajouta-t'elle, *foit lui, foit un autre, tu peux compter, fi la chofe eft, fi Ferdinande & ta sœur ont été enlevées, que je te ferai rendre juftice, & que j'en aurai auffi raifon.*

Quelque zèle que me marquât la Princeffe à vouloir me rendre fervice, mon amour étoit trop alarmé pour que je m'en tinffe à fes promeffes. J'avois d'ailleurs l'esprit si égaré, que j'étois incapable de faire quelque judicieuse réflexion. La plaie sensible qu'avoit fait à mon cœur un si lâche attentat, ne put souffrir que j'en différasse la vengeance. Ma chère Ferdinande enlevée, Ciel ! pouvois-je survivre à cette cruelle idée !

Je sortis du Palais comme un écervelé, sans savoir où j'allois, quoique mon dessein confus ne fut autre que de rejoindre au plus vite le Chevalier, pour l'entraîner avec moi à travers plaines & montagnes, sans autre guide que mon amour irrité. Hé bien, me dit-il au premier abord, y a-t'il quelque espérance de revoir les tristes objets qui causent notre inquiétude ? Morbieu ! lui répondis-je d'un air furieux, ce n'est que du Ciel & de notre valeur que nous devons attendre du secours : Allons, mon ami, courons, volons, suis-moi ; & si l'enfer ne retient point les objets qui nous ont été ravis, je me fais fort de les trouver & de les rendre à notre amour. Mais réponds moi, je te prie, à ce que je te demande, repliqua mon ami. Le sang froid avec lequel il me fit cette repartie, ramena quelque sérénité dans mon esprit;

je sentis qu'un peu moins de vivacité seroit plus propre à l'exécution de mon dessein ; & ayant pris subitement un ton plus doux & plus tranquille ; que veux-tu que je dise ? lui repartis-je. La Princesse m'assure bien de sa protection dans cette affaire, avec la même candeur qu'elle me l'a accordée dans celles qui me retiennent à sa Cour. Elle m'a promis de tirer vengeance contre qui que ce soit, de l'insulte qui vient de m'être faite. Mais en sera-t'il temps quand nos maîtresses auront été les victimes de la brutalité des lâches coquins qui les ont en leur pouvoir.

Cette réflexion le jeta dans une profonde rêverie, où mon amour impatient ne le laissa pas longtemps. A quoi rêves-tu ? lui dis-je ; nous ferions bien mieux de ranimer notre ardeur, & de la suivre où le destin nous conduira. Il me répondit d'un air triste & accablé, qu'il n'avoit d'autre réponse à me donner, que celle que j'avois reçu de la Princesse. Comment ? m'écriai-je. Mais oui, reprit-il ; ne vaut-il pas mieux s'en tenir à la parole de la Princesse, que d'aller battre les champs inutilement ? c'est courir à un but qu'on ne voit point. D'ailleurs, continua-t'il, si les lâches ont résolu d'assouvir leur brutalité, il n'est plus temps de tenter de les empêcher. Attendons au moins à avoir un point fixe pour arriver à coup sûr au but que nous nous proposons. Le meilleur conseil que j'aie à te donner, c'est, ajouta-t'il, d'importuner la Princesse à tenir sa parole. Elle ne pourra jamais blâmer ton impatience, dès qu'il s'agit de l'honneur & de la gloire de ta famille.

La bile qui m'avoit d'abord enflammé, ayant eu le temps de s'éteindre, je me trouvai assez calme pour goûter le raisonnement du Chevalier. Il n'étoit pas moins amoureux que moi, mais il étoit plus maître de ses passions. Je me rendis à ses conseils, & avant de les aller mettre en exécution, je lui en donnai un à mon tour. Il faut, lui dis-je, que tandis que je solliciterai la Princesse à ordonner une exacte recherche des coquins, tu la fasses toi-même avec la dernière exactitude. Prends langue de tous côtés, furette dans tous les coins & recoins que tu t'imagineras, parcours alternativement tous les chemins qui aboutissent à la Cour : que sait-on ?

un buisson, un mur, peuvent quelquefois révéler ce qu'il y a de plus secret.

C'est ainsi que nous prîmes l'un & l'autre notre parti. Je trouvai la Princesse occupée à donner des ordres propres à contenter ma vengeance & mon amour. *Je travaille pour toi*, me dit-elle dès que je me présentai. Ne voulant pas l'interrompre, je me bornai à lui marquer ma reconnoissance par une révérence profonde. *J'ai fait*, continua-t'elle, *des réflexions qui me paroissent assez justes : le tour qu'on t'a joué, ne seroit-il pas un effet de l'amour rebuté de la Marquise d'A...? Je l'ai ainsi conclu, après avoir combiné plusieurs circonstances que je me suis rappellées, & je n'en ai négligé aucunes de celles que tu m'a apprises en plusieurs occasions.*

Oui, certainement, Princesse, lui répondis-je, Votre Altesse a trouvé la source du mal ; mais à quoi bon, si elle n'y applique un prompt remède ? *C'est à quoi je travaille efficacement*, reprit-elle : *il y a déjà trois troupes en campagne pour découvrir le lieu où les ravisseurs ont mené leur proie : voici des ordres qui pourront* bien te rendre le calme. Je sais à peu près où est le Marquis de R.... La femme-de-chambre de la Marquise d'A... n'a pas eu le front assez épais, pour me cacher ce qu'elle sait. Elle m'en a assez appris, pour que je sois fondée à te promettre positivement que tu reverras ta sœur & ta cousine avant la fin du jour. Je ne doute pas, ajouta t'elle, tenant une lettre à la main, que cette lettre ne fasse l'impression que je desire. Tiens, me dit-elle en me la présentant, lis combien peu je garde de ménagement, & sur quel ton je prends cette affaire. Je pris la lettre des mains de Son Altesse avec le plus profond respect, & j'y lu ces mots.

Les deux étrangères qui ont disparu de ma Cour depuis cette nuit, sont sous ma protection. Vous devez compter, Marquis, que je les aurai quelque part qu'elles puissent être. Il vous est aisé de les ramener à la Cour. Je m'assure que je les recevrai de votre main. La Duchesse de LORRAINE. L'adresse étoit au Marquis de R....

Il ne sera pas difficile de juger de la situation de mon cœur après la lecture de cette lettre, que je remis à la Princesse en me jetant à ses genoux. Elle s'en apperçut bien vîte, & me dit en me relevant, *que je lui paroissois un peu moins furieux que lorsque j'étois entré le matin dans son appartement.* J'étois au désespoir, lui dis-je, Madame ; mon cœur ne pouvoit jamais recevoir de blessure si sensible, que celle que m'y a faite le Marquis ; & je veux bien avouer à Votre Altesse, que si j'avois su où le prendre, nous ne serions plus de ce monde lui ou moi.

Je te crois assez vif, dit-elle, *pour expédier bien vîte une affaire de cette nature ; mais je te prie de modérer ta vivacité, & de me laisser le soin de te venger. J'ai lieu de croire que m'ayant remis tes intérêts, tu ne t'en mêleras plus. Va, sois tranquille,* ajouta-t-elle, en entrant dans son cabinet, *& exerce-toi à dissimuler ton chagrin & mon zèle officieux, pour prévenir tout éclat.*

Ces dernières paroles me parurent un coup de foudre. Elles étoient assez claires pour que j'en comprisse le sens ; & quand même il m'eût été moins sensible, le ton décisif & absolu dont elle les avoit prononcées, auroit été suffisant pour me faire sentir que je devois souffrir avec patience, & ronger mon frein dans une entière inaction.

Mais que nature pâtissoit ! Le Diable n'y perdoit rien assurément ; j'avois le cœur déchiré par mille aiguillons de vengeance ; il me sembloit qu'il étoit piqué par un million de vipères. Mon espérance me soutenoit à la vérité dans cet état, si proche du désespoir. Je comptois sur les promesses de la Princesse ; je n'avois pas long-temps à attendre pour revoir mon incomparable maîtresse ; mais il manquoit encore quelque chose à la satisfaction de mon cœur. Hé ! pouvois-je laisser impunie l'insulte qui étoit faite à Ferdinande ? Faux principe du vain honneur ! Influerez-vous encore dans ma conduite ? Ce fut la seule réflexion que je fis en sortant du Palais pour chercher mon ami, qui du caractère dont je le connoissois, ne se seroit pas plus arrêté dans ses recherches, que le Juif errant.

Je n'eus pas fait vingt pas dans la rue, que je l'apperçus venant à moi assez vîte ; je doublai le pas pour le joindre plutôt. Il étoit un peu essoufflé ; mais c'étoit autant de joie que de lassitude. La sérénité de son visage, ses yeux rians, & toutes ses manières, m'en donnoient un juste pressentiment. Dès que nous fûmes à portée de nous entendre : Courage ! me cria-t'il d'un ton fort haut, il n'y a rien de désespéré. Tout beau, lui dis-je en lui serrant la main; le silence & la patience me sont trop fortement recommandés, pour que je te permette de faire éclater ta joie. Cependant, repris-je, de quoi s'agit-il ? Suismoi dans le parc, lui dis-je en le prenant par la main, nous y repaîtrons nos espérances sans témoins. En entrant dans la première allée qui s'offrit à nos yeux, il me raconta toutes les courses inutiles qu'il avoit faites depuis que je l'avois quitté, & qu'il avoit questionné plusieurs personnes qui venoient en ville, sans avoir ni vent ni fumée des perdreaux qu'on nous avoit enlevés. Mais enfin, continua-t'il, ne sachant plus à qui m'adresser, j'ai rencontré une jeune fille d'environ dix-huit ans, qui sortoit de la ville. Je puis dire l'avoir jointe sans aucun dessein, ou du moins sans espérance d'en retirer quelque consolation. C'est néanmoins de cette naïve & bonne fille que j'ai appris tout ce que nous pouvons espérer jusqu'ici de plus consolant. Pour répondre à plusieurs questions que je lui ai faites, elle m'a dit qu'elle étoit nièce de la femme-de-chambre de la Marquise d'A..... que sa tante envoyoit porter un billet de la part de sa maîtresse au Marquis de R..... dans une de ses terres à trois lieues de la ville, avec ordre de s'en revenir même de nuit, avec la réponse qu'elle attendoit.

Tu peux bien croire qu'à ce discours, j'ai été saisi d'un chatouillement de curiosité, & que je n'ai pu résister à ses aiguillons. Mon imagination est à l'instant devenue si féconde en politesses, en minauderies caressantes, & ma langue en a été l'écho si fidèle & si éloquent, que cette bonne Lorraine s'est enfin rendue aux instances que je lui ai faites d'accepter un rafraîchissement dans un cabaret qui s'est trouvé sur notre route. Je l'ai caressé de mon mieux. Elle n'a pas été insensible, mais elle a encore été plus complaisante au troisième verre de vin que je lui ai fait boire. J'ai pris la lettre qu'elle avoit dans sa poche, sans qu'elle ait fait beaucoup de résistance; & voyant que je la décachetois avec mon couteau, sans rompre l'empreinte du cachet, *Holà*, dit-elle, *mon beau Monsieur, vous m'avez l'air d'un dénicheur de fauvettes ! je gagerois bien que vous êtes de la compagnie du Chevalier de Ravanne, qui avec ses belles Donzelles fait tant de bruit à la Cour.* Je la laissai dire, sans répondre un seul mot ; ma curiosité étoit trop impatiente pour ne pas profiter au plutôt de l'occasion que j'avois de la satisfaire.

Mon espérance n'a pas été vaine ; j'ai lu la lettre de la Marquise d'A.... qui m'a paru être dans un grand embarras. Elle prie le Marquis de R.... de ramener au plutôt nos Demoiselles, pour ne pas l'exposer & s'exposer lui-même à toute la disgrace de la Princesse. Elle lui avoue qu'elle n'auroit jamais pensé à lui inspirer le dessein qu'il avoit exécuté, si elle eût cru que Son Altesse s'en fût mêlée. Elle m'a fait, ajouta-t'elle, de si sanglans reproches, que je n'ai pu me dispenser de lui révéler toute l'intrigue. Il faut absolument, dit-elle en finissant, que ces indignes créatures paroissent aujourd'hui de nuit ou de jour dans son appartement.

Comme cette lettre ne pouvoit faire qu'un bon effet pour notre amour impatient, je n'ai pas voulu la garder. Je l'ai recachetée si proprement, que la bonne fille à qui je l'ai rendue, n'a pu s'empêcher de dire *que le plus fin se donneroit au diable pour assurer qu'elle n'avoit point été ouverte.* Ne doutez pas que si j'avois cru pouvoir en faire un meilleur usage, je ne l'eusse retenue pour la remettre à la Princesse : mais ayant lu qu'elle savoit déjà toute l'intrigue, j'ai regardé la lettre de la Marquise comme un meuble fort inutile.

Cette découverte acheva de me tranquilliser ; je me trouvai sur le champ dans ma situation ordinaire ; il ne me restoit plus que la crainte que ces filles n'eussent souffert quelque violence. Mais n'est-il fait mention dans cette lettre que du Marquis, dis-je, mon ami ? Ne parle-t'elle point du Cavalier qui en veut à ma sœur ? Car enfin, il n'en faut pas deux au Marquis, il n'en veut à coup sûr qu'à Ferdinande ; qui diable est donc l'autre égrillard qui en veut à ma sœur !

Il me répondit, que content de ce qu'il

avoit appris, il n'avoit pas fait cette réflexion. J'étois si aise, reprit-il, d'apprendre de si bonnes nouvelles & si inespérées, que mon cœur a imposé silence à mon esprit. Mais toi, ajouta-t'il, qu'as-tu fait ? J'ai fait, lui dis-je, tout ce qu'on peut de mieux dans une occasion si délicate ; & lui ayant rendu compte de l'entretien que j'avois eu avec la Princesse, je lui dis que nous devions nous reposer entiérement sur ses bons offices, qu'elle soutiendroit de son autorité.

Quoiqu'une bonne partie de la matinée se fût déjà écoulée, le reste du jour me parut très-long. Nous en passâmes, le Chevalier & moi, une partie dans l'appartement de mon beau-frère & de sa femme, dont nous calmâmes les alarmes. L'espérance qu'ils eurent de revoir le reste de leur compagnie avant la fin du jour, prit la place du désespoir accablant où ils s'étoient livrés depuis le moment qu'ils en avoient appris la cause. On dîna ensemble avec moins de tristesse que je n'eusse cru, & nous les quittâmes, mon ami & moi, pour aller nous mettre en embuscade sur le chemin par où devoit passer le convoi, que nous attendions avec l'amour du monde le plus impatient.

La nuit approchoit sans qu'il eût paru personne. L'inquiétude commençoit à me saisir, & mon ami n'en avoit pas moins que moi, dans la crainte que le Marquis n'apportât quelque retardement dans l'exécution des ordres de la Princesse. Avec les mêmes idées, nous nous entregardions sans dire mot, & les yeux toujours fixés sur le chemin à toute la portée de la vue. Il sembloit à nous voir, que nous craignions l'un & l'autre de rompre le silence. Mon ami le rompit le premier, par un profond soupir qu'il laissa échapper. C'en fut assez pour me faire perdre patience. Me levant du gason où j'étois assis sur l'éminence d'un fossé, morbieu ! lui dis-je, le lâche préférera peut-être sa passion brutale à tout ce qu'il doit à sa Souveraine. Suis-moi, ajoutai-je, & que l'amour nous serve de guide. Où veux-tu donc aller ? repliqua-t'il. Chez le Marquis, lui dis-je, mettre le feu à son château, l'y brûler lui-même, ou le massacrer s'il échappe aux flammes. Bon, reprit-il, voilà en vérité un beau projet. Est-ce ce que tu as promis à la Princesse ? Attendons au moins que le terme qu'elle a pris soit expiré avant de rien entreprendre ; notre vengeance ne fera pas moins à propos demain qu'aujourd'hui.

Il n'eut pas articulé le dernier mot, qu'il apperçut la jeune fille qu'il avoit vu le matin. Ho pour le coup, s'écria-t'il, nous aurons des nouvelles. Regarde, dit-il, à cent pas de nous à la gauche de la chauffée, voilà la bonne fille dont je t'ai parlé. Notre impatience ne nous permit pas de l'attendre, nous allâmes à elle à grands pas, & d'un air si empressé, que la pauvre enfant effrayée de notre marche précipitée, rebroussa chemin en courant de toutes ses forces. Quoiqu'il ne fût pas encore nuit, il faisoit si brun qu'elle ne pouvoit reconnoître le Chevalier. Cours donc après elle, lui dis-je, puisqu'elle doit te connoître si tu lui fais entendre ta voix. Mon conseil réussit. Dès qu'il eût crié, la fille s'arrêta. Il l'aborda, l'exhortant à ne rien craindre, & l'assurant que sa personne & sa vertu étoient en toute sûreté ; de sorte que quand je les joignis, elle me parut tout-à-fait rassurée.

La peur que nous lui avions fait disparoiſſant, céda la place à ſa naïveté & à ſa belle humeur. *Ha! je vous connois, Monſieur*, me dit-elle; *je vous ai vu entrer quelquefois dans la maiſon de la maîtreſſe de ma tante; je crois bien que vous n'alliez pas-là pour enfiler des perles; car vous autres Meſſieurs de Paris, vous ſavez tous les tours rafinés pour prendre les Dames au trébuchet.* Hélas, lui répondis-je, ma belle enfant, vous vous trompez très-fort; ce n'eſt pas à la Marquiſe d'A..... que je penſe à offrir un cierge; j'aimerois mieux en brûler cent devant votre joli minois, que la plus petite bougie à ſon honneur. *Qui vous croiroit?* repartit-elle: *vraiment, vraiment, elle croit pourtant bien mériter les plus gros cierges.* Je ne ſuivis pas cette converſation, qui en tout autre temps m'auroit fait un plaiſir ſenſible. Je voulois apprendre d'elle quelque choſe de plus ſérieux & de plus intéreſſant.

Le Chevalier, qui n'en avoit pas moins d'envie que moi, la remit ſur la voie de la matinée. Il leur avoit fallut peu de temps pour faire connoiſſance, car il n'eut aucune peine à la déterminer à prendre avec nous du rafraîchiffement dans un cabaret affez près de la ville où nous nous arrêtâmes. Il la mit en train de jafer fur le fujet dont il l'avoit entretenue le matin. Elle nous dit tout ce que nous voulions favoir. Elle avoit vu les deux Demoifelles en queftion fort triftes, malgré les attentions qu'avoient pour elles le Marquis & fon neveu. Je les ai pourtant vu rire une fois, reprit-elle, fur quelque chofe que leur a dit le Marquis. Je ne faurois vous dire ce que c'eft; mais la grande lui a répondu, qu'un honnête-homme, un véritable amant ne s'y prenoit pas de cette façon. A quoi fa compagne a ajouté, qu'elle n'auroit jamais cru qu'en Lorraine les Cavaliers vouluffent avoir par force le cœur des Dames. Le Marquis, ajouta-t'elle, a repliqué quelque chofe, mais je n'ai pas bien entendu ce qu'il a dit. Cette bonne fille, la plus naïve que j'ai vu de ma vie, nous en avoit dit affez, pour que notre imagination suppléât au refte. Auffi tombâmes nous tous deux dans le même fens.

Ce court entretien ramena un petit calme dans nos cœurs, qui, comme on fe l'imaginera bien, avoient été fort agités.

N'étant pas content de ce que je venois d'apprendre, quoique très-favorable à mon repos, je lui demandai si ces deux Demoiselles feroient encore pour quelques jours dans le château du Marquis? *Non vraiment*, répondit-elle avec beaucoup de vivacité, *car elles sont peut-être revenues en ville; on se disposoit à partir quand j'ai quitté le château.*

Mais quoi, lui dit le Chevalier, ne vous a t'on point chargée de quelque lettre pour la Marquise d'A....? Elle répondit qu'on lui avoit seulement ordonné de lui dire, *que ce qu'elle souhaitoit alloit être exécuté à l'instant*. Je n'en demandai pas davantage, & m'étant levé brusquement, je sortis pour faire la guerre à l'œil. Mon ami ne tarda pas à me suivre; & comme il sortoit avec cette fille, qui n'avoit pas voulu s'arrêter plus long-temps, j'entendis un carrosse qui, selon mon estime, étoit encore assez loin. Je ne pus m'empêcher d'en avertir le Chevalier. Notre officieuse fille ne m'eut pas plutôt entendu, qu'elle se mit à courir de toutes ses forces en nous disant adieu, & en nous criant qu'elle risquoit d'être bien grondée.

Les voici assurément, me dit le Chevalier. Je lui dis, que je n'en doutois point. La nuit, qui étoit déjà fermée, étoit très-favorable au dessein que nous avions de les voir passer & de les entendre sans en être apperçus. Nous nous rangeâmes sous un arbre, planté parmi quelques autres, sur le bord du chemin, qui n'étoit point pavé, parce que c'étoit un sable ferme. Nous choisîmes cet endroit-là, pour que le bruit que le carrosse auroit fait sur le pavé, ne nous dérobât rien de ce que nous serions à portée d'entendre.

Malgré cette précaution, notre curiosité fut très-peu satisfaite. Tout ce que nous entendîmes, fut que le Marquis pria Ferdinande de dire à la Princesse ce dont il l'avoit priée; mais le carrosse passa avec tant de rapidité, que nous ne pûmes entendre la réponse que lui fit Ferdinande. Nous rentrâmes en ville à grands pas, afin de me trouver dans mon appartement, en cas que la Princesse, tenant sa parole à la lettre, m'envoyât chercher, pour me remettre ma sœur & sa compagne entre les mains.

La chose arriva comme je l'avois prévu.

Il n'y avoit qu'un moment que j'y étois arrivé, qu'un valet-de-pied de Son Altesse vint me chercher. Dieu sait si j'eus les jambes engourdies ; je ne marchois pas, je volois. Dès qu'on m'eut annoncé, je fus introduit dans le cabinet où étoit la Princesse, avec nos Demoiselles. J'avoue que mon premier coup d'œil fut pour Ferdinande ; nos yeux se rencontrèrent, & quoique je ne la regardasse pas long-temps, j'en eus assez pour appercevoir une ou deux larmes que ma présence lui arracha.

Tu vois bien, Chevalier, me dit son Altesse, *que je suis exacte dans mes promesses. Voilà ta sœur & ta cousine qui reviennent de prendre l'air dans une terre du Marquis de R.... C'est une pièce de Carnaval,* ajouta-t'elle. *Bien que ce temps-là soit fini depuis hier, je crois que tu as assez d'esprit pour penser, aussi-bien que moi, que tout est encore de Carême-prenant.*

Je répondis à Son Altesse, que son goût seroit toujours la règle du mien, & que je défererois si aveuglement à ses idées, que je les adopterois toujours comme les plus raisonnables & les plus plausibles. *Non,*

non, reprit-elle, ce ne sont point là mes idées, c'est la vérité toute pure; & se tournant vers Ferdinande : parlez, je vous prie, Mademoiselle, & apprenez à Monsieur, parlant de moi, les circonstances de votre aventure, comme vous me les avez racontées. Ferdinande obéit, & tourna la chose selon les vœux du Marquis. Il nous proposa, dit-elle, en sortant du Bal, de prendre dans le Palais de Son Altesse quelques rafraîchissemens, ou si vous voulez, une espèce de réveillon. La condition étoit que nous ne dirions mot à votre beau-frère, ni à sa femme; encore moins à vous; que nous ferions même semblant de nous coucher; & qu'enfin nous nous déroberions pour monter dans le carrosse du Marquis de R...., qui nous attendoit à la porte. Il est vrai que le Marquis nous a trompées, en nous menant dans son château, au lieu de nous conduire au Palais dans l'appartement de son neveu. Il nous y a retenues jusqu'à ce moment, qu'il vient de nous ramener à Son Altesse, très-mortifié d'ailleurs de ce qu'un de ses domestiques n'étoit pas venu à notre pavillon pour en avertir ma cousine & son époux, comme il l'en avoit chargé. Voilà, mon cher cousin, dit-elle en finissant, la fidèle relation de notre aventure.

Tu vois bien, reprit la Princesse, en m'adressant la parole, *que ta vivacité te met aux champs mal-à-propos. Si tu aimes toujours de cette façon, l'amour m'a bien l'air de te tailler de la besogne.* Ma foi, Princesse, lui repartis-je, s'il me taille de la besogne, j'en coudrai ce que je pourrai, & je laisserois le reste à coudre à de plus fiers ouvriers que moi.

Son Altesse se mit à rire de tout son cœur ; Ferdinande même & ma sœur ne purent tenir leur sérieux. Pour moi, j'étois si content de revoir la souveraine de mon ame, qu'à mon air tout le monde auroit jugé que je donnois dans le panneau. Je ne sais si j'en eusse été la dupe, quand même je n'aurois pas été aussi bien instruit. Mais j'affectai de l'être si peu, que ma cousine & ma sœur s'étant consultées toute la nuit pour se déterminer à me dire la vérité, faillirent à prendre le parti de me la cacher. Nous passâmes ensemble le reste de la soirée dans l'appartement de mon beau-frère. Le Chevalier qui n'avoit pas manqué de nous y joindre, ne savoit que penser de la dissimulation qu'il voyoit de tous côtés. La joie qu'affectoient nos deux pélerines forcées, l'étonnoit si fort, qu'il auroit dit tout ce qu'il savoit, si je ne lui eusse fait signe du coin de l'œil de se taire. Tout le temps, jusqu'au coucher des Dames, se passa en affectation & en dissimulation, ou pour mieux dire chacun mentoit de son mieux.

Nous trouvâmes, le Chevalier & moi, cette scène si plaisante, que nous en rîmes bien avant dans la nuit. Je lui rendis compte avant de nous coucher, de la manière toujours gracieuse avec laquelle la Princesse m'avoit remis nos Demoiselles. La rélation que Ferdinande m'avoit faite, par ordre & en présence de Son Altesse, ne fut pas oubliée. Je lui dis sur quel ton j'avois pris toutes choses, & il conclut qu'assurément la Princesse ne me croyoit pas assez bête pour avoir rien cru de tout ce que j'avois affecté de croire. Il avoit pensé juste ; car le lendemain assez matin Son Altesse me fit appeller, pour me dire *que si je faisois quelque cas de sa protection, & de quelque chose de plus, elle s'attendoit* que je lui promisse une chose qu'elle avoit à exiger de moi. Je ne balançai pas à l'assurer de mon respectueux dévouement pour ses ordres. J'y compte donc, me dit-elle, & c'est sur ce pied-là que je te défends toutes les voies de fait avec le Marquis. Car ne crois pas, reprit-elle, que je m'imagine vainement que tu sois persuadé de sa droiture & de sa bonne-foi dans cette affaire : tu n'es pas un novice en ce genre, non plus qu'en bien d'autres ; mais néanmoins crois-moi, & laissons tomber cette affaire d'elle-même : tes parentes s'en retourneront bientôt, selon les apparences : La Marquise d'A...... n'ayant plus ces objets présens, n'y pensera plus, & j'espère que ma Cour sera tranquille. Je lui promis, foi de Gentilhomme d'honneur, qu'il n'en seroit jamais parlé, & qu'il me suffisoit même que Son Altesse souhaitât la paix, pour que j'apprisse à dissimuler jusqu'au point de vivre avec la même franchise avec la Marquise & le Marquis.

Il est certain que malgré ma vivacité, soutenue de mon juste courroux, je me rendis sans peine aux desirs de la Princesse; c'étoit le moins que je pouvois faire pour

K iij

lui donner des preuves de ma reconnoissance ; & quelque attaché que je fusse aux principes du faux honneur, j'aurois cru être le plus ingrat des hommes si je ne leur avoit imposé silence. Il se tût donc ce vain honneur ; mais ce ne fut pas pour long-temps. A peine eus-je commencé d'entretenir mon ami des engagemens que j'avois pris avec la Princesse, qu'il me dit assez brusquement, que si j'avois livré à si bon marché les intérêts de ma maîtresse, si ignominieusement insultée, il vouloit qu'on lui payât plus cher les insultes qu'on avoit fait à la sienne. Si je succombe dans mon juste dessein, ajouta-t-il, on dira du moins que j'ai eu assez de cœur pour oser l'entreprendre.

Quelque étonné que je fusse de voir échouer la prudence du Chevalier sur un aussi léger écueil, je ne laissai pas de sentir renaître dans mon cœur les sentimens de vengeance, que la bienveillance de la Princesse y avoit éteints. Mais mon amour pour Ferdinande s'étant enflammé dans ce moment plus que jamais, y ralluma avec plus de violence le feu de ma colère, qui me paroissoit juste. Toutes les circonstances de l'enlévement de nos Demoiselles, me représentèrent le Marquis coupable du plus noir de tous les attentats, & moi le plus lâche de tous les hommes si je n'en tirois une vengeance aussi prompte que sévère.

Hé bien, dis-je au Chevalier, puisque tu as médité la vengeance, que tu en as formé le dessein, je veux te prouver que je suis digne d'en entreprendre l'exécution. Je n'en doute nullement, reprit-il, & je t'avoue que j'ai été fort étonné de te voir sacrifier un juste point d'honneur à un faux principe de reconnoissance. Saches, mon ami, que ce n'est pas pour nous-mêmes que les Grands nous accordent leur protection ; ils idolâtrent en cela leur vaine-gloire. N'en est-ce pas en effet une brillante pour eux, que de soutenir la réputation qui vole de nations en nations, que les honnêtes gens malheureux trouvent chez eux un asyle ? Je crois que comme ils doivent s'en tenir à cela, ceux à qui ils l'accordent n'en sont que plus dignes, en faisant des actions qui prouvent la délicatesse de leur honneur.

Frappé de ce raisonnement, ma vengeance s'irrita si fort, que je ne voulois pas attendre un moment à la satisfaire. Non, me dit-il en m'arrêtant, ce n'est pas à toi à essayer notre ennemi commun. Ta sœur est insultée, le sang & l'amitié te parlent plus en sa faveur que l'amour ne doit te presser pour Ferdinande : laisse-moi cette occasion pour lui prouver mon amour ; elle y reconnoîtra également des preuves de ta tendresse, & toute ta famille y trouvera des preuves de la pureté de leur sang qui coule dans tes veines. De plus, ta maîtresse pourra peut-être être vengée du même coup. Si cependant le sort des armes ne m'est pas favorable, l'honneur que tu auras de suppléer à mon défaut n'en sera pas moins grand, quoique tu ne sois pas entré en lice le premier.

Le Chevalier avoit ce jour-là le talent de me persuader. Je m'admirois de me voir si docile à ses avis, moi qui n'en avois jamais reçu aucun sans repliquer, & qui trop malheureusement n'en avois presque suivi aucun. Tu es le maître, lui dis-je en l'embrassant, je te laisse la conduite de cette affaire. La gloire de ma sœur, celle de ma maîtresse, & mon honneur ne sauroient être en de meilleures mains. Je lui représentai néanmoins que nous devions avoir un entretien particulier avec ces Demoiselles avant de rien entreprendre, & qu'il falloit tirer de leur propre bouche un aveu des manières dont elles avoient été traitées. Il en convint, & nous sortîmes à l'instant pour apprendre ce que nous souhaitions.

Nous les trouvâmes dans leur chambre, où leur attitude & leur morne silence nous confirmèrent dans l'idée que nous étions, que la pure complaisance leur avoit fait prendre le soir précédent l'air gai qu'elles avoient affecté dans le cabinet de la Princesse. L'aveu qu'elles nous en firent, fut accompagné de tant de larmes & de si vifs regrets, que nous en fûmes transportés de rage & de fureur. Nous vomîmes à l'envie, mon ami & moi, tout ce qu'il y a de plus exécrable contre les lâches auteurs de la juste affliction de ces Demoiselles.

Ce transport de colère sembla apporter quelque calme dans leur cœur, & rétablir la sérénité sur leur visage. *Appaisez votre courroux, Messieurs*, dit Ferdinande ; *vo-*

tre amour & notre honneur seront vengés, plutôt que vous ne pensez ; ne vous en mêlez pas, s'il vous plaît, c'est assez que je vous en garantisse une pleine & prompte vengeance.

Une saillie si peu attendue nous déconcerta ; le Chevalier me regarda d'un air interdit, & j'étois dans la même situation en le regardant moi-même. Je rompis enfin le silence. Est-ce, lui dis-je, votre amour, votre fidélité, ou le soin que vous avez de votre gloire, qui vous font parler avec tant de valeur ? *L'un & l'autre*, me répondit-elle avec une noble vivacité ; *tout anime mon courage, & fortifie mon bras, pour vous prouver que nous ne souffrirons pas impunément une pareille insulte. Ma chère cousine peut vous attester, qu'avant que vous entrassiez dans notre appartement, la résolution étoit prise de punir le lâche Marquis, & de le faire périr avec honte de la main d'une fille. Elle & moi nous avons long-temps débattu qui de nous deux auroit ce doux plaisir. Elle me l'a cédé ; j'en jouirai, quoiqu'il en puisse arriver, dussai-je perdre cent amans, & mille cœurs. Nous l'avons ainsi conclu,* ajouta ma sœur ; mille raisons nous l'ont inspiré de même ; & si quelque Cavalier du monde vouloit y mettre des obstacles, ou être lui-même acteur dans cette scène, nous ne le regarderions de nos jours ; si nous pensions seulement à lui, ce seroit pour l'abhorrer comme l'ennemi de notre gloire. Eh quoi ? Ne sentez-vous pas que celui qui prétendroit nous venger, mettroit nécessairement notre gloire en compromis ? Ne diroit-on pas, avec raison, que nous sommes à vous à des titres criminelles, si nous vous permettions de punir ceux qui ont tenté de vous enlever nos cœurs & nos personnes ? Non, non, Messieurs, il ne vous convient pas, je le répète, de paroître sur la scène ; vous serez vengés & nous aussi ; soyez aussi tranquilles, que nous le sommes sur ce projet, ainsi que sur son exécution.

Qui fut le plus étonné du Chevalier ou de moi, c'est ce qu'on ne sauroit décider. Il eut beau leur représenter à quoi elles s'exposoient ; elles lui imposèrent silence plus de dix fois, & voyant qu'il continuoit ses réflexions, elles se mirent à chanter à pleine voix, pour ne pas l'entendre, ou pour l'obliger à se taire. Il se tut enfin : mais comme j'allois le relever, pour continuer le discours qu'il avoit commencé, Ferdinande prit un air que je ne lui avois vu de ma vie. D'un ton dédaigneux & fier : *Allez*, dit-elle, *demander la permission à la Princesse de nous venger ; & si elle vous l'accorde, nous nous déchargerons sur vous du soin que nous impose notre vertu.*

Le coup qu'elle me portoit me parut violent ; je fus sensible de tous les côtés où elle me frappoit. Dieux ! pensai-je, quelle nouvelle façon de reprocher une lâcheté à un amant ! C'étoit en effet l'idée que j'avois de la promesse inconsidérée que j'avois faite à la Princesse ; je ne lui eus pas plutôt donné ma parole que je m'en repentis, & peu s'en fallut que je n'allasse la retirer. Je répondis néanmoins à l'incomparable Ferdinande, que ce n'étoit que parce que j'étois coupable que je cherchois à laver ma faute dans le sang des coquins qui en étoient l'infame occasion.

Elle alloit me repliquer, quand on frappa à la porte de la chambre où nous étions. J'en étois le plus près ; il fallut que je l'ouvrisse. Mais de quel étonnement ne fus-je point saisi voyant mon père me tendre les bras ? Certainement je ne saurois dire si cette surprise me fut agréable ou non. Je l'embrassai cependant, avec mon respect & ma tendresse ordinaire. Il étoit accompagné d'un Gentilhomme de ses voisins, que je n'avois vu depuis long-temps, & que j'eus de la peine à me remettre. Les Demoiselles coururent à l'envie embrasser mon bon père, qui pour tout compliment cria, *victoire* ! Ce cri se fit avec une joie si marquée, que par une communication inexplicable, elle se répandit en même-temps dans nos cœurs & sur nos visages; nous comprîmes tous que ma grace en étoit le sujet.

En effet, à peine mon tendre père se fut-il assis, que tirant de sa poche une grande *pancarte*, où pendoient plusieurs sceaux; *voilà*, dit-il en me la présentant les larmes aux yeux, *voilà le fruit de mes travaux*. C'étoient effectivement des Lettres du Grand Sceau de la Chancellerie de la Cour de France. En les recevant des mains de mon père, je me jetai à ses genoux, que je baignai de larmes. Il me fut impossible de m'énoncer pour lui exprimer ma reconnoissance. Ferdinande, qui me consideroit en cet état, en versoit déjà, & sûrement elle en auroit versé plus que moi, si le Chevalier ne les eût ménagées, en la tirant par sa robe, comme s'il eût voulu lui parler. Cette distraction fut sans doute capable de sécher ses yeux.

Mon beau-frère & sa femme, ayant oui répéter plusieurs fois le tendre mot de père, accoururent pour lui donner à leur tour des preuves de leur tendresse. On s'imaginera sans peine, qu'après avoir remercié mon père de ses tendres soins pour moi, je ne manquai pas de lui demander s'il avoit rencontré beaucoup de difficulté à obtenir ma grace. Il répondit succinctement qu'elle ne lui avoit coûté ni peine ni argent. J'ai, dit-il, été parfaitement bien reçu du Duc d'Orléans, qui après m'avoir écouté, m'a ordonné de me tranquilliser, & dit qu'*il se chargeoit de tout. Je vais*, continua-t'il, de l'air gracieux qui lui étoit ordinaire, *mettre cette procédure en bonnes mains, & recommander qu'on la finisse promptement. Je ne veux pas*, ajouta-t'il, *que vous vous consumiez en dépense à Paris. Vous pouvez compter que vous retournerez* incessamment chez vous. Pour votre Chevalier, reprit-il, je suis charmé qu'il ait de l'honneur ; mais je voudrois qu'il eut un peu plus de discernement & moins de délicatesse sur cet article. Voilà, dit mon père en finissant, le précis de toute la conversation que j'ai eu avec le Prince, & je n'ai vû personne que lui au Palais-Royal.

A ce récit, si intéressant pour moi, je renouvellai à mon père les sentimens de la plus vive & de la plus sincère reconnoissance. Il me répondit gracieusement, en me disant qu'il n'en avoit jamais douté. Cependant cette bonne nouvelle ne fut pas capable d'effacer l'impression que m'avoit fait le reproche de mon adorable Ferdinande. Comme je remettois mes Lettres-de-grace dans leur étui, nos yeux se rencontrèrent avec notre tendresse ordinaire; & je trouvai le moment de lui dire, sans qu'on s'en apperçut, qu'il étoit plus facile d'avoir du Souverain la grace d'un crime, que d'obtenir la sienne pour la moindre faute. *Vous savez mieux que vous ne dites*, me répondit-elle ; *je n'attends pas qu'on me la demande ; je préviens même ceux qui s'exposent à en avoir besoin,*

Il semble que l'arrivée de mon père eût dû nous faire oublier ou mépriser tout ce qui s'étoit passé, puisque dès ce moment notre départ fut fixé au surlendemain. Mais Ferdinande avoit trop fortement pris sa résolution pour ne pas l'exécuter. Elle vint dès le soir même dans mon pavillon, accompagnée de ma sœur, qui m'amusa par ses caresses, & par l'espérance des plaisirs qu'elle me proposoit quand nous serions de retour dans notre campagne. Cependant Ferdinande profitant de ce moment, prit deux pistolets de poche que j'avois, & qu'elle avoit déjà vu plusieurs fois négligemment posés sur un sopha parmi quelques pipes. Elle les prit assez subtilement, pour que je ne m'en apperçusse pas. Dès qu'elle les eut mis dans sa poche, elle nous rejoignit, après avoir fait deux ou trois tours de chambre.

Hé bien, dit-elle en s'asseyant auprès de moi, *la présence de Mr. votre père ne vous a-t'elle pas apporté le calme que je n'ai pu vous donner ? Vous paroissez content, & vous devez l'être, si les apparences ne sont pas trompeuses.* Je lui répondis, que quelque tranquille que je fusse sur plusieurs choses qui me regardoient uniquement, je ne pouvois l'être sur ses propres intérêts. Vous ne me jugez pas sans doute digne de votre confiance, repris-je, puisque vous avez refusé de me les remettre. *En voilà de reste*, dit-elle en m'interrompant; *mais vous vous trompez fort. Je ne pense qu'à ménager ma gloire, en vous assurant la fidélité de mon cœur. Quel lieu avez-vous de vous plaindre?* Je me plains, repliquai-je, que vous trouviez mauvais que j'accorde ce que je ne dois pas refuser à la délicatesse de mon amour. *Dans les termes où nous sommes ensemble*, reprit elle, *pouvez-vous en bonne-foi vous servir des expressions d'un novice de Cythère? Croyez-moi, n'usez point de ces sortes de ménagemens pour vous conserver mon cœur. Je vous charge seulement de me conserver votre aimable personne, vous n'aurez jamais de rival à craindre. M'assurerai-je d'un retour égal?* Oui, oui, je vous le jure, lui repartis-je en l'embrassant. Qui que ce soit, toute beauté portant sceptre ou houlette, ne dépossédera jamais l'incomparable Ferdinande du cœur du fidèle Ravanne. *J'y compte*, dit-elle en me disant adieu, &

elles s'en allèrent avec une gaieté dont je ne pourrois pénétrer la cause.

Un moment après qu'elles furent sorties, le Chevalier entra fort rêveur, & tout occupé de la scène qui s'étoit passée dans l'appartement de nos filles. Je ne sais, me dit-il, quel est le dessein de nos Demoiselles. Je ne comprends rien aux sentimens qu'elles nous ont étalés avec tant de précision. Qu'en penses-tu, toi-même ? reprit-il. Ma foi, lui dis-je, mon cher, je suis aussi-bien que toi au bout de mon latin. Tout ce que je puis comprendre, c'est qu'elles ne veulent absolument pas que nous nous exposions. Car de quelque façon que la chose tournât, ce seroit toujours à notre désavantage. Il est vrai que si notre combat se décidoit en notre faveur, nous serions bien chez nous en lieu de sûreté ; mais la Princesse étant choquée, y a-t'il lieu de douter que le Régent ne le fût peut-être plus qu'elle ? notre situation n'en seroit pas certainement meilleure. Au bout du compte, nous partons après-demain ; il me semble que nous quitterons la Lorraine avec plus d'agrément, quand nous en emporterons l'estime de la Princesse. J'en conviens, reprit-il; mais il est bien dur d'abandonner ainsi le champ de bataille à un lâche coquin. Qui nous répondra que nous ne serons pas nous-mêmes regardés comme des lâches ? J'arrêtai toutes ses réflexions, quelques plausibles qu'elles fussent, en lui disant que la réputation que nous y avions, rendroit tout le monde sourd au bruit que l'indiscrette renommée s'aviseroit d'y répandre. *Soit fait comme il est requis*, dit-il en se levant; ne pensons donc plus qu'à divertir ton père, & à lui cacher l'insulte qui a été faite à sa fille & à sa nièce. Ha, par ma foi, dis-je, si le bon homme en avoit le moindre vent, tout vieux qu'il est, il ne consulteroit que son courage pour en tirer une prompte vengeance.

Nous prîmes donc le parti d'étouffer les justes ressentimens que nous en avions, & le dessein de divertir mon père prévalut sur celui que nous avions formé contre le Marquis de R.... Quant à la Marquise d'A... nous nous fîmes tous un principe de l'honorer d'un souverain mépris. On ne pensa plus qu'à disposer toutes choses pour notre départ, & à substituer aux plaisirs de la Cour de Lorraine, ceux de la campagne que nous nous proposions de goûter avec nos voisins.

Comme nous avions passé une partie de la nuit à table, nous nous levâmes assez tard. Je fus le premier debout. Ayant ouvert ma fenêtre, je vis d'assez loin deux Demoiselles se donnant le bras, la tête enveloppée dans une coëffe. Elles m'avoient tout l'air de Ferdinande & de ma sœur. Je descendis au plus vîte pour les reconnoître; mais dès que je fus dans la rue, je les perdis de vûe. Je courus tout de suite à leur appartement, & ne les trouvant pas, j'eus lieu de croire que je ne m'étois pas trompé. J'entrai dans celui de mon beaufrère pour m'en informer. On ne put m'en donner d'autre nouvelle, sinon que Ferdinande avoit dit le soir qu'elle sortiroit le matin pour acheter certaines babioles, qu'elle vouloit distribuer à de jeunes Demoiselles de notre campagne.

C'en fut assez pour suspendre les petites alarmes qui s'étoient élevées dans mon cœur. Cependant je ne laissai de courir les rues pour tâcher de les rencontrer. J'eus beau faire, je ne pus jamais les voir,

Mille réflexions qui s'entrechoquoient, me roulèrent dans la cervelle sans pouvoir en fixer aucune, & moins encore découvrir le motif qui leur avoit fait quitter le lit si matin. Un valet-de-pied de la Princesse, que je trouvai dans mon chemin, me dit de les avoir vues se promener dans le parc avec le Marquis de R...... Qu'on juge s'il en falloit tant pour me faire naître de la jalousie. Un amant moins délicat que moi n'auroit pu s'empêcher d'en prendre dans un cas pareil.

Je courus éveiller mon ami, pour lui faire part de ces nouvelles. Il ne fallut pas le secouer pour le faire lever. Il fut habillé dans le moment, & nous nous en allâmes galoper le parc à dessein de les chercher. Toute notre vengeance s'étant enflammée, nous étions dans le dessein de la satisfaire, si nous rencontrions le Marquis avec elles. Après avoir fureté tout le parc sans avoir trouvé personne, nous prîmes le chemin de l'appartement de nos Dames. Nous n'en étions qu'à cent pas, que nous rencontrâmes mon père, qui nous dit avoir reçu la visite des deux Demoiselles que nous cherchions, & qu'elles l'avoient quitté pour s'en aller à la Meſſ.

Ce que nous aprenions ramena le calme dans nos cœurs. Nous crûmes que le valet-de-pié s'étoit mépris. Allons voir, dis-je à mon ami, ſi à leur air nous ne pourrons pas découvrir leur intrigue, ſuppoſé qu'il y en ait dans leur conduite. Nous arrivâmes à leur appartement comme elles y entroient. Nous eûmes beau les étudier & tâcher de lire dans leurs yeux, nous n'y vîmes rien que de fort enjoué. Parbieu, Meſdames, leur dis-je, vous avez bon matin *la puce à l'oreille !* Où diable alliez-vous donc avec la rapidité des Biches ? A moins que d'être porté ſur les ailes de l'amour, je ne puis comprendre qu'on aille ſi vîte. *Tout ce que vous dites eſt vrai,* répondit Ferdinande ; *votre comparaiſon eſt juſte, & vous avez deviné le motif qui nous donnoit l'agilité des Biches. Vous voyez bien, mon cher couſin,* ajouta-t'elle, *que nous ne cachons pas la vérité, quoiqu'il nous fût aiſé de ſoutenir un menſonge. Oui, c'eſt l'amour qui nous guide ; mais je vous laiſſe à deviner quels en ſont les objets.*

Quels qu'ils puiſſent être, dit le Chevalier d'un air ſérieux, ce ſont d'heureux mortels. *Hé bien, Monsieur*, lui dit ma sœur, *commencez donc à croire que vous n'êtes pas malheureux. Je le croirai quand il vous plaira*, lui repliqua-t'il. *Il y a long-temps*, reprit-elle, *que vous devez être convaincu qu'il me plaît. Pour moi*, dit Ferdinande, *je laisse croire tout ce qu'on veut, & je fais tout ce que je puis pour qu'on croie juste.* On seroit donc bien niais de s'y méprendre, dis-je à mon tour. *Je vous l'avoue*, repliqua-t'elle ; *il n'y auroit pas seulement de la niaiserie, mais une stupide insensibilité.*

Enfin, je ne sais comment la matinée s'écoula, mais il ne nous fut pas possible de trouver à placer un mot du Marquis de R.... ni de son insulte. Il sembloit que l'éponge eût été passée sur un sujet qui me paroissoit intéresser si fort leur gloire & notre amour. Ce ne furent que des discours coupés, des entretiens peu suivis. On alloit, on venoit, sous prétexte de disposer toutes choses pour notre départ. Elles nous congédièrent même, nous disant d'aller ramasser nos hardes & de faire nos malles, tandis qu'elles s'occuperoient à arranger leurs nippes dans leurs coffres

Le Chevalier & moi nous prîmes le parti d'aller nous promener au parc, pour y ronger notre frein. Je n'eusse jamais cru que ces deux filles eussent été capables de nous désorienter, & nous faire si fort perdre la boussole sur leurs démarches. Cependant nous donnâmes nos ordres pour que tout fût prêt dès le soir, afin que rien ne nous retardât, quand nous serions le lendemain sur le point de partir. Cette précaution n'eût pas été prise plus à propos, quand elle auroit été concertée avec nos Demoiselles; elles secondèrent leur dessein de leur mieux.

En sortant de table, mon père me proposa d'aller voir la Princesse à l'issue de son dîner, pour la remercier des bontés dont elle m'avoit donné tant de preuves. Le Chevalier, qui en avoit été aussi l'objet, souhaita de nous y accompagner. A peine fûmes-nous annoncés à Son Altesse, qu'elle nous donna l'audience du monde la plus gracieuse. Elle nous retint long-temps auprès d'elle. Et avant que nous prissions congé, elle me chargea de lui écrire tous les mois une espèce de *Mercure de la Cour*, où je ne devois pas manquer d'insérer d'insérer toutes les aventures du Palais-Royal, sans oublier la moindre démarche du Régent; & je sentois bien que c'étoit ce qui l'intéressoit le plus.

Je lui promis de satisfaire ses desirs. *J'y compte*, dit-elle; *mais écris-moi*, ajouta-t'elle, *de ton style cavalier, & avec la même franchise dont tu me parles*. Ma foi, Madame, lui répondis-je, fussiez-vous cent mille fois Princesse, Votre Altesse ne sauroit me résoudre à me contrefaire; je ne parle jamais que comme je pense. *C'est fort bien*, reprit-elle; *il ne s'agit plus que de savoir l'art de bien penser*. Je l'étudie tous les jours, repartis-je; j'y emploie la moitié de mon temps; fasse le Ciel que ce ne soit pas un temps perdu! *Je le souhaite*, dit-elle en nous souhaitant un *bon voyage*.

Mon père, qui fut charmé d'avoir entendu la Princesse me parler avec tant de bonté, ne put attendre plus long-temps à me marquer sa joie. A peine Son Altesse eut disparu, que le bon homme colla son visage contre le mien, & le baigna de ses larmes. Le Ciel soit béni, me dit-il, je viens d'avoir une consolation à laquelle je ne me serois attendu de ma vie. Je mourrois content, ajouta-t'il, si j'osois m'assurer que vous ne vous rendrez jamais indigne des bontés qu'ont pour vous de si puissans Protecteurs. Je l'assurai de mon mieux que je serois attentif à m'en rendre digne de plus en plus ; & que si je n'étois pas heureux de ce côté-là, ce ne seroit pas ma faute.

Nous ne pensâmes plus qu'à mettre les dernières dispositions à notre départ, qui étoit fixé au point du jour du lendemain. Comme nous n'avions lié aucune société particulière à la Cour, ni en Ville, nous n'eûmes pas besoin de beaucoup de temps pour faire nos adieux. Nous nous proposions seulement, le Chevalier & moi, de voir les femmes de deux Officiers qui servoient dans les Troupes de France, lorsque Ferdinande & ma sœur nous joignirent comme nous quittions mon père pour aller faire ces deux visites. Nous ne les avions jamais vues d'un si beau coloris. Les robes les plus vermeilles auroient paru pâles en comparaison de leur visage. J'y remarquai cependant une altération qui marquoit celle de leurs cœurs.

Mon étonnement fut des plus grands,

lorsque Ferdinande me dit pour tout compliment en me présentant deux pistolets de poche, que je reconnus d'abord être à moi, qu'elle venoit de faire usage de mes propres armes, & qu'elle n'avoit pas voulu en employer d'autres pour se venger, afin que j'eusse en quelque façon part à sa vengeance. Je viens, reprit-elle, de tuer le Marquis de R........ de laver dans son sang l'insulte qu'il a fait à nos personnes, à notre gloire & à votre amour, & de vous prouver que le nôtre est tendre, fidèle & constant.

Ciel! nous écriâmes nous comme de concert le Chevalier & moi, vous avez tué le Marquis! & ne sachant que dire de plus, nous gardâmes le silence. Oui, dit ma sœur, il est couché sur la poussière. C'étoit de nos mains seulement qu'il méritoit de périr, pour apprendre à tous les hommes qu'on ne ravit point les cœurs, qu'on ne fait point violence aux personnes qu'on aime sans retour, & qu'il faut attendre que les Dames se livrent elles-mêmes. Ferdinande, ajouta-t'elle, a tué le coquin : & si son coup eût manqué, le mien auroit porté à coup sûr.

Nous les écoutâmes, tout stupéfaits, sans leur pouvoir répondre. Il faut, Messieurs, reprit Ferdinande, que notre procédé soit bien juste, puisque vous n'y trouvez pas à redire. Nous regardons avec raison votre silence, comme un applaudissement que vous donnez à notre courage. N'en parlons plus, mais pensons à la retraite. Nous avons tout le temps qu'il faut pour être en sûreté avant qu'on ait trouvé le cadavre. Il est dans une espèce de taillis derrière le parc que personne ne fréquente. C'est-là, ajouta-t'elle, où il m'avoit donné rendez-vous ; j'ai été aussi exacte que lui, & je n'ai manqué ni le lieu ni l'heure.

Après cela, elle nous quitta brusquement, & s'en alla avec ma sœur pour faire porter incessamment leurs coffres avec les nôtres. Je priai le Chevalier de les suivre, tandis que j'irois prévenir mon père, non du coup de Ferdinande, mais d'une autre affaire que je mettrois sur le compte de mon ami. Je trouvai mon père endormi dans un fauteuil, & n'ayant pas balancé à l'éveiller je lui fis entendre qu'il falloit partir sans délai, pour prévenir une affaire d'honneur que le Chevalier auroit infailliblement avec un Officier de la Cour de Lorraine, si nous passions la nuit dans la ville. L'histoire que je lui fis étoit si naturelle, que mon sage père louant ma prudence, se donna tous les mouvemens pour hâter notre départ. Il étoit venu dans le carrosse d'une Dame de nos voisines, & il y avoit justement quatre places. Les Demoiselles arrivant avec mon beau-frère, sa femme & le Chevalier, trouvèrent les chevaux au carrosse & y montèrent avec mon père. Le Gentilhomme, qui l'avoit accompagné, & mon beau-frère, ne partirent qu'avec nous. Le cocher foüetta, avec ordre de les mener bon train. La Tulipe, que j'avois envoyé chercher des chevaux de poste, ne se fit pas attendre, & nous partîmes tout de suite. Le Chevalier me fit un grand plaisir de me dire qu'il avoit prévenu nos Demoiselles, & que j'avois inventé un prétexte spécieux pour que mon père précipitât notre départ.

Ayant le carrosse à demi-lieue de la ville, nous nous présentâmes aux portières, afin de prévenir toute inquiétude. Je suis bien-aise de vous voir, nous dit mon père, car votre retardement commençoit à m'inquiéter. Je lui dis que nous ne ferions point mal de prendre le grand chemin de

Verdun, qui étoit droit, bien pavé, & bordé presque par-tout de cabarets & de villages, où nous pourrions nous arrêter quand il nous plairoit. Il applaudit à mon avis. Il étoit effectivement le plus sûr & le plus propre à voyager de nuit. Mais ce n'étoit pas là ma principale vue : c'étoit précisément parce que nous n'avions que deux postes à faire pour sortir des États du Duc de Lorraine, & qu'il y avoit sur la frontière en France un gros cabaret, où nous pourrions nous reposer tranquillement une bonne partie de la nuit. Le cocher, suivant cette décision, enfila au premier carrefour la chaussée que je lui montrai, en lui renouvellant l'ordre d'aller le meilleur train, dût-il fatiguer les chevaux, jusqu'à l'endroit que je lui nommai. Reposez-vous sur moi, me dit-il, Monsieur, nous irons vîte, puisque nous n'allons pas plus loin. Je rejoignis ma troupe, & nous quittâmes la compagnie pour former une espèce d'arrière-garde à cent pas du carrosse.

La nuit étoit déjà entièrement obscure. Nous en fûmes d'autant plus aises, qu'elle nous déroboit à la vue des endroits par où nous passions, & que nous rencontrerions moins de voyageurs. Nous nous entretinmes pendant la route de l'action de nos Demoiselles, dont nous admirâmes le courage qui se trouve rarement dans leur sexe. Mon ami me dit, sans pouvoir être entendu des deux autres qui étoient dix pas devant nous, que Ferdinande & ma sœur étoient résolues de se brouiller sans retour avec nous, si nous avions entrepris de rompre leurs mesures; & qu'en se vengeant du même coup elles avoient voulu nous donner des preuves d'un amour aussi fidèle que sincère; qu'elles avoient même ajouté, qu'elles seroient mortes de chágrin si nous avions hazardé de nous battre avec le Marquis & avec son neveu, parce que nous ne pouvions exécuter ce dessein sans risquer nos vies, & par conséquent toute leur félicité; au lieu que n'étant pas obligées à certaines régles de l'honneur, elles ne risquoient rien. C'est, dit-il, tout ce que j'ai eu le temps d'apprendre. Le reste de l'histoire nous est réservé pour la première occasion où elles auront la liberté de nous entretenir.

Nous fîmes notre route le plus heureufement du monde, malgré la pluie qui nous accompagna jufqu'au gîte. Nous y arrivâmes après trois heures de marche. Je trouvai le moment, en aidant Ferdinande à defcendre du carroffe, de lui dire que nous étions en France, & qu'elle étoit à l'abri de toute pourfuite. *Je vous affure, dit-elle, que j'ai exécuté mon deffein avec tant de confiance, que je ne fuis point du tout embarraffée des fuites qu'elle pourroit avoir : mon amour & ma gloire étoient mes feuls garans.*

Tout le monde s'étant trouvé de belle humeur en entrant dans l'auberge, chacun avoua avoir grand appétit. Le Chevalier fe chargea d'ordonner le fouper, & tandis qu'il en faifoit la difpofition avec le cuifinier, nous nous amufâmes à raconter les divertiffemens du Carnaval de la Cour de Lorraine. A entendre parler & rire nos Demoifelles, il étoit aifé de juger qu'elles ne fe repentoient point du coup qu'elles venoient de faire. L'efpérance qu'elles avoient d'être pleinement juftifiées dans nos efprits de n'avoir eu aucune complaifance pour nos rivaux, leur caufoit un plaifir marqué dans toutes leurs manières.

Ferdinande me donnoit à tout moment des coups d'œil, qui ne tendoient qu'à m'en donner des preuves; ils me disoient éloquemment, tout ce que sa bouche auroit pu m'énoncer de plus tendre; & mes yeux lui répondoient d'une manière à lui faire comprendre que je n'y étois ni sourd, ni insensible.

Le souper étant servi, tout le monde y fit honneur; on mangea avec un appétit charmant; la gaieté fut le plus piquant assaisonnement des mets qui nous furent servis. Mon bon homme de père y paya son écot par cent jolis mots qu'il plaçoit très-à-propos; il sembloit qu'il remontât au période de sa plus verte jeunesse. Hé bien, mes enfans, nous dit-il à la fin du souper, qui ne laissa pas que d'être long, vous sentez-vous assez éveillés pour continuer notre route? Il eut à peine parlé, que nous applaudîmes tous d'une voix à son dessein.

On fit monter le cocher, pour lui demander s'il pourroit bien résister au sommeil, & nous mener sûrement à trois lieues de l'endroit où nous étions. Il nous répondit qu'on pouvoit compter sur lui,

Je n'en voulus pas savoir davantage pour aller ordonner les chevaux de poste dont nous avions besoin. Le cocher se trouva prêt quand ils nous furent amenés. La poste étoit justement à vingt pas de notre auberge. Tout est prêt, dis-je, en rejoignant la compagnie. Partons, dit mon père ; je veux vous mener chez un Gentilhomme de mes amis où nous irons déjeûner ; nos chevaux y reposeront trois heures, & nous aurons assez de temps pour arriver au logis avant le soleil couché. Ce projet redoubla notre belle humeur ; & pendant le reste de la route on ne parla de rien de sinistre.

Nous étions si surpris, le Chevalier & moi, de la bonne contenance de nos Demoiselles, que nous eûmes la curiosité d'examiner si elles se soutiendroient. Nous voltigions continuellement aux portières du carrosse, nous étudiions leurs yeux, leurs manières, leurs discours, & nous les trouvions toujours égales. Parbieu, me dit le Chevalier avec étonnement, je ne les aurois jamais cru capables d'un pareil héroïsme ! On voit bien, lui dis-je, que l'Amour n'est pas moins habile que Mars à former des Héros. Je le comprends maintenant, repliqua-t'il, mais je ne l'aurois jamais conçu.

Notre cocher fit si grande diligence, qu'en moins de trois heures nous fûmes rendus chez le Marquis de B.... Il fumoit sa pipe à la fenêtre, quand nous entrâmes dans la cour du château. Ma foi, ma vieille guerre, lui dit mon père, je vous amène bonne compagnie & gens de grand appétit. Il descendit, & nous reçut à bras ouverts. Vous arrivez à propos, nous dit-il ; vous vous trouverez à la dissection d'un sanglier, qui va se faire dès que deux de mes voisins que j'attends seront arrivés ; & après avoir fait mille politesses aux Dames, il les introduisit dans l'appartement de la Marquise, qui les caressa de son mieux. On leur offrit des lits ; mais elles répondirent d'un air franc & libre, qu'elles avoient plus d'envie de déjeûner que de dormir. Elle se leva pour leur faire compagnie, & nous allâmes avec le Marquis voir dépecer le monstrueux sanglier qu'on avoit pris depuis deux jours. Les Gentilshommes du voisinage qui avoient été de la chasse, étoient gens de bonne façon, & encore de meilleure humeur. Nous paſsâmes agréablement trois heures dans cette maiſon, d'où nous partîmes après avoir bien déjeûné & régalé la Marquiſe du récit du Carnaval de Nancy.

Quelque agrément que nous euſsions trouvé à la Cour de Lorraine, il n'y eut perſonne de la compagnie qui ne reſpirât un air de liberté en arrivant au logis. De nouveaux plaiſirs ſe ſuccédoient ſans ceſſe avec un délicieux enchaînement. L'amour s'y donna carrière, & prit un libre eſſor, & bien plus tranquille qu'il ne l'avoit eu à Nancy. Dès qu'on eut appris mon retour, la compagnie de nos voiſins ſe renouvelloit chaque jour au logis, ſans que notre liberté ſouffrît aucune contrainte. Je me prêtois ſi à propos aux Dames & aux Cavaliers, que je me trouvois toujours libre; & ne mettant jamais Ferdinande ni ma fœur d'aucune des parties de jeu que j'avois ſoin de lier, elles n'étoient pas moins libres que le Chevalier & moi, & nous mettions cette liberté à profit.

A la faveur de ces heureuſes diſpoſitions, il nous fut facile de nous dérober tous quatre, ſans que notre abſence ſe fît remarquer. Nous avions laissé plusieurs Cavaliers à table ; j'avois enfilé les autres au jeu pour faire la partie des Dames ; & tout étant ainsi réglé, je suivis nos Demoiselles & mon ami, qui étoient disparus insensiblement les uns après les autres sans aucune affectation.

Comme nous traversions le grand chemin de Lorraine pour aller joindre un vallon où le soleil se faisoit agréablement sentir, il passa deux Cavaliers, qui nous ayant salués très-poliment, me donnèrent lieu de les aborder & de leur demander des nouvelles. Ma compagnie suivit d'assez près pour nous entendre. Un des Cavaliers me répondit, qu'il n'y avoit en Lorraine aucune nouvelle qui intéressât le Public, mais qu'il avoit appris en passant par Nancy, que le Marquis de R..... avoit été cruellement blessé, sans qu'il eût jamais voulu avouer de qui il avoit reçu le coup. Apparemment, leur dis-je, Messieurs, c'est la suite de quelque affaire d'honneur. Mais, repris-je, la blessure est-elle mortelle ? On dit que non, me repliqua-t'il. Et comme j'allois lui repartir, j'entendis Ferdinande dire bien haut sans aucun ménagement ; *tant pis, tant pis ; il n'est pas digne de vivre.*

Je fus si déconcerté, que les paroles me rentrèrent dans le ventre. Heureusement que les Cavaliers ne firent pas bien des façons en nous quittant. Je leur en fus bon gré, & les en tint quittes avec plaisir.

Assurément, dis-je à Ferdinande en lui redonnant le bras, vous êtes résolue à chanter vous-même votre victoire, pendant que nous nous efforçons de l'ensevelir dans le silence. *Pourquoi me tairois-je?* me dit-elle ; *pourquoi cacherois-je ma vengeance, puisque le lâche a bien osé m'offenser à la face du Ciel & de la terre?* Mais en serez-vous mieux vengée, repris-je, en faisant claquer votre fouet? *Oui, sans doute*, me repartit-elle ; *je n'ai pas fait un coup d'étourdie dont je doive rougir ; & si j'ai eu du plaisir dans ma vengeance, il ne m'est pas moins doux de me la rappeller: d'ailleurs, on sait peut-être déjà qu'il m'a outragée: il faut donc que je publie que je l'ai puni de sa lâcheté, afin qu'on ne doute pas de mon innocence.*

Pour moi, dit ma sœur, *je suis du sentiment de ma cousine, & je crois que vous* ne devons perdre aucune occasion de sonner cette grosse cloche. Je penserois assez comme ces Demoiselles, dit le Chevalier ; je ne vois pas que les suites en soient à craindre dans aucun sens. Ha, par ma foi, me voilà bien payé de mes avis, repris-je ! Taisez-vous morbieu petit Chevalier de Ravanne, ajoutai-je en badinant ; visitez bien les Archives de Cythère ; feuilletez-en bien le *Code* & le *Digeste* avant de prendre place dans le Barreau de cette tendre Cour. Ferdinande affectant un air sérieux; que j'aime, dit-elle, qu'on se rende justice.

Ce badinage nous conduisit insensiblement à l'endroit où nous allions nous reposer ; il me tardoit d'y être ; j'avois ménagé ce moment pour entendre de Ferdinande elle-même tout le récit de cette héroïque aventure. Elle fut assez complaisante pour ne se faire pas long-temps prier. Elle ne doutoit pas que je n'eusse une impatiente curiosité de l'apprendre ; peut-être aussi ne me trompois-je pas, en pensant que son amour n'étoit pas moins impatient de me la raconter.

» Mr. le Chevalier, dit-elle en re-

» gardant mon ami, n'a pas sans doute
» oublié ce que je lui dis avant de partir
» de Nancy, au sujet du principal motif
» qui nous a engagées à punir le lâche
» qui nous a offensées, sans que nous
» l'ayons jamais regardé qu'avec une ex-
» trême indifférence : c'est vous, Mes-
» sieurs, que nous voulions ménager uni-
» quement.

» Un moment avant de sortir du Bal, le
» Marquis, de qui je ne me serois jamais
» défiée, trouva, par je ne sais quelle fa-
» talité, le moment de me parler. Le Car-
» naval finit, me dit-il ; mais continuons-
» le en sortant d'ici : mon neveu qui a
» son appartement dans le Château, y
» doit régaler trois Demoiselles, il faut
» absolument que vous soyez de la par-
» tie : le voici qu'il vient vous en prier.
» Il nous accosta à cet effet, & nous
» pria de si si bonne grace, que nous
» n'aurions jamais pensé qu'il y entendît
» finesse.

» Ils vinrent donc nous prendre au lo-
» gis, d'où nous sortîmes si furtivement,
» qu'il étoit impossible de s'en apperce-
» voir. Mais malheureusement nos chers

» voisins, qui étoient couchés dans la
» chambre à côté de la nôtre, nous en-
» tendirent. Nous-voyant découvertes,
» nous n'aurions pas sans doute persisté
» dans notre dessein. Quoiqu'il en soit,
» nous montâmes dans le carrosse du
» Marquis avec la dernière confiance. Ils
» tâchèrent de nous amuser par des con-
» tes, afin que nous ne nous apperçui-
» sions pas de la trahison. Mais malgré
» le train où nous étions de rire, & d'é-
» couter tout ce qui pouvoit nous y ex-
» citer, je pensai qu'il y avoit long-temps
» que nous étions en chemin, & que
» nous devions être rendus à l'apparte-
» ment où l'on feignoit de nous conduire.
» Nous n'en demeurions pas fort loin,
» bien qu'il fût à l'extrémité du jardin
» dans un corps de logis du vieux Châ-
» teau. Il ne s'agissoit que de faire le tour
» du Palais & des murs du jardin.

» Ma cousine m'ayant touchée deux
» ou trois fois du pied, me fit compren-
» dre qu'elle s'appercevoit bien de la tri-
» cherie. Pour seconder son intention, je
» dis au Marquis qu'assurément il ne nous
» menoit pas chez Mr. son neveu, & qu'il

» me paroissoit que nous étions déjà fort
» loin hors de la ville. Il me répondit
» fort ingénument que nous en étions
» éloignés d'une lieue, & nous exhorta
» en même temps à nous tranquilliser. Ce
» n'est pas chez mon neveu, dit-il, que
» je vous mène, c'est chez moi que je
» veux avoir l'honneur de finir le Car-
» naval avec vous : nous sommes partie
» quarrée, c'est autant qu'il en faut pour
» passer agréablement le temps. Je lui
» repartis, qu'il s'y prenoit très-mal pour
» nous procurer du plaisir, & qu'il ne
» devoit pas s'en promettre en notre com-
» pagnie en en usant avec nous de la sor-
» te. Apprenez, ajoutai-je d'un ton fier,
» que nous sommes Demoiselles, & que
» nous appartenons à gens qui pourront
» bien vous faire repentir de votre inso-
» lente témérité : & si vous ne nous rame-
» nez tout de suite en ville, vous devez
» vous attendre à toute l'étendue de no-
» tre courroux.

» Il repliqua, qu'il n'auroit pas cru que
» nous prissions si sérieusement une entre-
» prise qu'il traitoit de pièce de Carna-
» val, & dont il avoit formé le dessein

» sans penser au crime ; mais que nous
» étions trop près de son château pour ne
» nous y pas rafraîchir, & nous reposer
» jusqu'au lendemain ; qu'il promettoit
» de nous ramener saines & sauves où il
» nous avoit prises ; & qu'enfin nous ne
» devions avoir aucune inquiétude au su-
» jet de nos parens, puisqu'il avoit donné
» des ordres pour qu'ils fussent informés
» de notre partie au petit point du jour.
» Tous vos discours sont inutiles &
» frivoles, lui repartis-je, & nous n'y
» ajoutons aucune foi. Nous sommes en-
» tre vos mains, jusqu'à ce que quelqu'un
» nous en arrache, ou que vous nous re-
» lâchiez. Mais prenez garde de vous ou-
» blier, & ménagez vos discours & vos
» manières, si vous voulez éviter un
» éclat qui ne pourroit que vous être fu-
» neste. Ce discours lui fit faire quelques
» réflexions. L'effet qu'elles eurent, fut
» la parole qu'il nous donna que nous
» serions chez lui en toute sûreté. Nous
» y arrivâmes enfin. Nous y fûmes trai-
» tées avec la dernière politesse. Nous ne
» pûmes même nous dispenser d'y pren-
» dre quelques rafraîchissemens ; & même

» de nous repofer fur un lit fans nous déshabiller.

» Mais voici la noirceur de leur deffein, qu'il ne nous fut pas mal aifé de connoître. Le Marquis nous avoit fait préparer deux lits dans la même chambre; il vint nous y conduire, accompagné de fon neveu, qui donnoit la main à ma coufine, qui étoit fans doute la proie que fon oncle lui avoit deftinée. Un inftant après que nous y fûmes entrées, ils prirent congé, & fe retirèrent pour nous laiffer en liberté.

» Nous nous entreregardions dans un trifte filence, ma coufine & moi, également furprifes de notre aventure. Elle nous parut en ce moment beaucoup plus équivoque que nous ne l'avions penfé. Que faire? lui dis-je enfin, ma chère coufine; il n'eft plus temps d'éviter le danger, nous y fommes engagées; il eft queftion de nous y foutenir avec courage, & d'en fortir avec honneur. Je vois, me répondit-elle, que c'eft l'unique parti que nous ayons à prendre.

» Nous le prîmes bien vîte, & nous

» remarquâmes en examinant la porte par
» où nous étions entrées, que nous ne
» pouvions nous renfermer, & qu'on en
» avoit enlevé tout fraîchement les ver-
» roux : nous en avions effectivement en-
» tendu le bruit pendant que nous nous
» reposions dans la salle où nous fûmes
» introduites. Ce n'est pas tout. Le Mar-
» quis ayant prévu que nous pourrions
» bien barricader la porte dans quelque
» chambre qu'il nous eût donnée, il
» avoit choisi celle-là, où il y avoit en-
» core deux fausses portes que la tapisse-
» rie couvroit avec beaucoup d'artifice.
» Mais nous nous apperçûmes qu'elle
» avoit été détendue, & lâchée d'une
» manière à pouvoir être levée fort ai-
» sément. Nous la levâmes, nous trou-
» vâmes la porte, & entendîmes enlever
» les verroux, comme de la première.
» Toutes ces circonstances étoient plus
» que suffisantes pour nous prouver le
» mauvais dessein de ces lâches coquins.
» Nous en frémîmes, & la rougeur qui
» nous enflamma le visage, nous fut une
» preuve réciproque que nous craignions
» le danger. Nous nous mîmes à frapper

» de toutes nos forces, pour être plutôt
» entendues. On nous entendit en effet,
» & une femme qui avoit l'air d'être la
» concierge du château, vint auſſi-tôt
» nous demander ſi nous avions beſoin
» de quelque choſe. Je lui dis de prier le
» Marquis de venir. Elle n'y manqua pas,
» & le Marquis ne ſe fit pas attendre. Il
» vint avec ſon neveu ; mais il ne nous
» parut pas qu'il ſe doutât du motif qui
» nous le faiſoit appeler.

» En vérité, Monſieur, lui dis-je lorſ-
» qu'il fut entré, vous me permettrez de
» vous dire que vos manières répondent
» peu à votre naiſſance. Penſez-vous bien
» à l'injure que vous vous faites à vous-
» même, en traitant auſſi indignement
» des Demoiſelles, dont le ſang eſt auſſi
» noble que le vôtre ? De quoi vous plai-
» gnez-vous donc ? répondit-il. Vous
» manque-t'il quelque choſe dans votre
» appartement, ou vous a-t'on fait quel-
» que inſulte ? Hé quoi, repartis-je !
» n'eſt-ce pas nous en faire des plus
» inouies, que de nous donner un appar-
» tement où nous ne ſommes pas en
» ſûreté ? Comment pallierez-vous le mau-

» vais dessein que vous avez sur nous,
» après avoir fait arracher les verroux des
» portes de cette chambre, où nous en
» avons heureusement découvert deux,
» que la tapisserie couvroit ? Fi, fi, Mon-
» sieur ; si vous avez formé le dessein de
» faire violence à notre vertu, vous dé-
» rogez indignement à celles de vos an-
» cêtres, & vous attentez à leur gloire
» en flétrissant votre front par une action
» aussi lâche que celle que vous médi-
» tez. Au reste, sachez, lui dis-je d'un
» ton fier, que nous ferons un éclat,
» dont la Lorraine & les Provinces voi-
» sines retentiront à votre confusion,
» & que vous nous arracherez la vie plu-
» tôt que d'obtenir de nous la plus pe-
» tite faveur.

» Cette fermeté l'étonna. Il pâlit &
» rougit presque à la fois, & il nous laissa
» penser qu'il étoit fort embarrassé de
» nous répondre. Nous n'eûmes pas de
» peine à comprendre qu'il se repentoit
» déjà de son entreprise. Ayant néanmoins
» repris ses esprits, il nous dit, après
» avoir donné le meilleur sens qu'il put
» aux choses que je lui reprochois, qu'il

» alloit nous conduire dans plusieurs ap-
» partemens, & que nous n'avions qu'à
» choisir celui qui nous conviendroit.

» La deuxième chambre qu'il nous
» montra, fut de notre goût. Elle étoit
» petite à la vérité, mais elle étoit sûre.
» Elle se fermoit en dedans d'une manière
» à ne pouvoir être ouverte sans être en-
» foncée. Celle-ci, lui dis-je, Monsieur,
» est de notre goût; nous y passerons la
» nuit tranquillement, si vous nous le
» permettez, & si vous vous désistez du
» dessein d'y troubler notre repos.

» Je suis charmé, repliqua-t'il, que
» vous vous y trouviez bien; il ne tien-
» droit pas à moi que vous n'y passassiez
» la nuit plus agréablement. Mais puisque
» vous refusez nos cœurs & notre com-
» pagnie, je vous prouverai que je sais
» autant observer les loix de la politesse
» & de l'hospitalité, que vous violez les
» douces & tendres loix de l'amour, qui
» bannissent une si étrange sévérité.

» Vous serez autorisés à nous faire ces
» reproches, repris-je, Messieurs, quand
» après vous avoir donné nos cœurs, nous
» vous refuserons ce que l'amour veut
bien

» bien qu'on accorde en ce cas. Attendez
» du temps & de vos soins que nous vous
» mettions au nombre de nos amans, &
» nous vous forcerons à avouer que bien
» loin d'être cruelles, nous savons distri-
» buer à propos les récompenses dues à
» un tendre & fidèle amour. C'est, ajou-
» tai-je, tout ce que vous avez jusqu'à
» présent à espérer de plus gracieux; c'en
» est même peut-être beaucoup plus que
» ne devrions vous accorder. Nous vous
» souhaitons le bon soir ; il est temps que
» nous nous reposions, pour rendre à
» nos esprits & à nos cœurs le calme que
» vos manières suspectes en ont chassé.
» Ils se retirèrent couverts de confu-
» sion, & on n'oublia pas néanmoins de
» nous envoyer la concierge pour faire
» notre lit. Dès qu'elle l'eut mis en état,
» nous la priâmes de nous apporter deux
» chandelles pour avoir de la lumière dans
» la chambre pendant la nuit. Cette fem-
» me, à qui il tardoit d'être dans son lit,
» revint très-promptement avec les chan-
» delles, un pot d'eau, une bouteille de
» vin, des verres, & elle se retira au
» plus vîte.

» Nous fermâmes notre porte aux ver-
» roux & à la ferrure, dont nous avions
» mis la clef en dedans, & nous la barri-
» cadâmes encore avec la table, que nous
» chargeâmes de deux ou trois fauteuils
» très-lourds, & d'un foyer de fer très-
» maffif. Toutes ces fûretés étant prifes,
» nous nous mîmes entre les draps, vê-
» tues d'une partie de nos habits. Il y
» avoit toute apparence que nous dormi-
» rions peu. Nous ne penfions effective-
» ment qu'à repofer, & n'efpérant pas
» que le fommeil nous faifit, nous nous en-
» tretenions de notre aventure. Mais nous
» étions fi fatiguées, que nous nous en-
» dormîmes en parlant, & même bientôt
» après que nous fûmes couchées. Notre
» fommeil fut fi profond, que nous ne
» nous éveillâmes qu'à midi. Les Cavaliers
» ne l'interrompirent point, voulant fans
» doute compenfer par cette complai-
» fance les impoliteffes qu'ils nous avoient
» faites.

» Dès qu'ils nous entendirent remuer
» dans la chambre, ils vinrent nous fou-
» haiter le bon jour, & nous demander
» fi nous fouhaitions prendre quelque chofe

» avant dîner. Nous leur répondîmes avec
» la même politesse, que nous espérions
» aller dîner à la ville. Ho parbieu, Mes-
» dames, repartit le Marquis, vous ac-
» cepterez, s'il vous plaît, le dîner qui
» se prépare ici; car quand vous partiriez
» tout-à-l'heure, vous n'arriveriez cer-
» tainement à Nancy qu'à une heure in-
» due pour dîner. Nous eûmes beau in-
» sister pour notre départ, il fallut le
» différer jusqu'après le dîner, qui fut
» assez long.

» Après qu'on eut servi le fruit, & ren-
» voyé les domestiques, le Marquis com-
» mença à s'étendre beaucoup sur l'épreu-
» ve qu'ils avoient voulu faire de notre
» vertu. Il rapporta toutes les circonstan-
» ces de leur action à cette unique fin ;
» & après nous avoir accablées d'éloges,
» il nous proposa en satisfaction, disoit-il,
» de leur prétendue crime, de recevoir
» leur cœur & leur main. Je ne sais si je
» ne rougis point à cette impudence ;
» mais ayant jeté les yeux sur ma cou-
» sine, je lui vis un teint plus vif que l'é-
» carlate.

» Ce stratagême, que je n'aurois su pré-

» voir, me jeta dans un défordre que
» j'eus bien de la peine à cacher. M'étant
» néanmoins remife affez vîte, je lui ré-
» pondis brufquement, qu'il y avoit de
» l'effronterie d'ofer afpirer à la poffeffion
» d'un cœur, après avoir marqué un mé-
» pris fi infultant à la perfonne à qui on le
» demandoit. Il rougit, & prenant enco-
» re un ton plus doux, il dit que fi je
» regardois fon action dans le fens qu'il
» l'avoit faite, je n'y trouverois qu'un
» amour violent, qui ne lui avoit pas
» permis de faire des réflexions qui au-
» roient pu l'arrêter. Si vous appellez
» amour, repris-je, ce qui n'eft qu'une
» pure brutalité, vous nommez très-mal
» les chofes. N'en parlons plus, je vous
» prie, ajoutai-je; car l'action eft fi noi-
» re, que vous ne pourriez jamais la
» blanchir : laiffons au temps le foin d'y
» paffer l'éponge ; & pour commencer
» à la réparer, ordonnez je vous prie
» qu'on nous ramène à la ville.

» Ce difcours le déconcerta ; mais
» rompant le filence qu'il lui avoit im-
» pofé, il nous pria d'oublier leur inno-
» cente témérité. Le plus grand plaifir,

» dit-il, que je puisse recevoir de la vie,
» c'est de me donner vos paroles d'hon-
» neur, que vous tournerez cette aven-
» ture dans le sens qu'elle a été for-
» mée. Vous l'avez prise d'une façon tou-
» te opposée à nos desseins; nous n'avons
» jamais pensé qu'à faire une partie de
» Carnaval; & ayant l'honneur de vous
» connoître fort enjouées, je n'ai nul-
» lement douté que vous ne lui don-
» nassiez le même sens.

» Après lui avoir fait comprendre que
» plusieurs circonstances lui en donnoient
» un très-ignominieux pour eux & plus
» offensant pour nous, je lui promis de
» tourner la chose comme il le souhai-
» toit, & d'en imposer même jusques-là
» à la Princesse, si elle me faisoit l'hon-
» neur de m'en demander compte. Ma
» chère cousine, aussi touchée que moi
» de l'état repentant où ils paroissoient,
» ratifia par sa parole d'honneur ce que
» je venois de promettre, & promit elle-
» même de s'y conformer.

» Elle n'avoit pas achevé de parler,
» qu'on vint remettre au Marquis une let-
» tre de la part de Son Altesse. Il sortit de

M iij

» table pour la lire, & il resta assez long-
» temps dehors pour nous faire juger qu'il
» en avoit besoin pour se remettre du
» désordre qu'elle lui avoit causé. Il ren-
» tra enfin, affectant beaucoup de séré-
» nité. Mais je n'en fus pas la dupe, &
» profitant de ce moment que je crus fa-
» vorable, je lui renouvellai mes instan-
» ces pour notre retour.

» Je vous ai prévenue, me dit-il : tout
» se dispose pour vous ramener, non chez
» vous, mais dans l'appartement même
» de la Princesse, où j'espère que vous
» soutiendrez le caractère d'honneur dont
» vous m'avez donné des preuves aux-
» quelles je ne m'attendois pas. Quelques
» rares qu'elles soient de cette espèce &
» dans pareille occasion, je pourrai en
» rendre par-tout un sincère témoignage.
» C'est du moins un avantage que je re-
» tire de l'action que vous trouvez si
» noire.

» Telle est la scène qui se passa à table.
» Nous partîmes dès que le carrosse fut
» prêt ; & ces Messieurs n'eurent pour
» nous que des politesses très-délicates
» pendant toute la route. Le Marquis re-

» vint encore à la charge pour nous som-
» mer de notre parole quand nous fûmes
» à même d'entrer dans la ville: nous
» la lui renouvellâmes, & il parut con-
» tent.

» Nous n'avions pas lieu de l'être, ne
» fachant comment vous prendriez cette
» affaire. Nous craignions que de quelque
» manière vous la priffiez, que vous n'en
» fuffiez la victime. C'est ce qui m'a fait
» prendre le parti de vous venger, en me
» vengeant moi-même, sans être exposés
» ni vous ni nous à aucun finistre évé-
» nement. J'étois contente de mon coup,
» croyant qu'il lui avoit ôté la vie, & mis
» par conséquent dans l'impossibilité de
» se vanter de m'avoir eue en sa puissan-
» ce; mais ma satisfaction a pris fin, en
» apprenant qu'il pouvoit encore renou-
» veller son impudence.

Quelques raisons que nous lui allé-
guaffions, le Chevalier & moi, pour lui
faire sentir que nous devions être bien
aises qu'elle ne l'eût point tué, nous ne
pûmes jamais lui en faire goûter aucune.
Nous eûmes beau lui faire entendre qu'-

elle étoit assez vengée, & qu'il n'oseroit de la vie se vanter d'une action, qui dans aucun sens ne pouvoit lui faire honneur, & qui lui avoit coûté si cher ; elle ne nous écouta seulement pas : elle se contenta de nous répondre d'un ton ferme, qu'elle pensoit bien autrement pour sa gloire, que nous en faveur de notre amour.

De retour au logis, nous le trouvâmes plein de monde, qui y avoit été attiré par le bruit qui s'étoit répandu que le Prévôt, à la tête de quelques brigades, se disposoit à me venir prendre chez mon père. Plusieurs Gentilshommes de nos voisins m'y vinrent offrir leurs bras & leurs armes. Je les remerciai, me contentant de leur dire que je n'avois rien à craindre, sans leur donner néanmoins aucune connoissance de la grace que j'avois obtenue. Je sentis bien que les parens du défunt étoient gens à obliger le Prévôt à faire cette démarche, s'imaginant me faire un affront sanglant dans l'esprit des gens de province.

Cependant je ne laissai pas de prendre mes précautions. Je convins même, avec mon père & avec mes amis, de partir le lendemain pour Ste. Ménéhoud, qui étoit mon tribunal naturel & ordinaire, pour y faire entériner ma grace. Mon départ étant ainsi décidé, nous nous mîmes à table en bonne compagnie, à dessein de la tenir long-temps, & d'y varier les plaisirs. Mais à peine nous y étions-nous mis, qu'ils furent troublés par l'arrivée du Prévôt, à la tête de son monde, qui demanda à parler à mon père.

Quatre de mes voisins, le Chevalier & moi, nous courûmes d'abord aux armes, & nous étant renfermés dans une chambre propre à la défense, nous résolûmes de leur résister jusqu'au dernier moment : mais mon père étant remonté, vint nous joindre pour nous exhorter à mettre armes bas. Notre premier feu s'étant évaporé, nous suivîmes ses sages conseils. Mon affaire étoit bonne ; je n'avois rien à craindre ; il eût été fort imprudent d'une bonne affaire d'en faire une mauvaise ; nous primes donc tous le parti de descendre. Le premier que je vis dans la troupe du Prévôt, étoit un Gentilhomme, cousin-germain de celui que j'avois tué. Sa préſence m'ayant échauffé la bîle, je le regardai d'un œil menaçant en joignant le Prévôt, qui me demanda fort poliment de lui remettre mon épée. Je l'ôtai & la lui donnai, en lui diſant que je voyois dans ſa troupe un viſage qui me déplaiſoit fort. Ce n'eſt pas ma faute, me dit le Prévôt; il m'a ſuivi comme un eſpion, pour examiner ſi je ferois mon devoir, & ſi je n'uſerois point de connivence en votre faveur.

Cette cérémonie faite, je priai le Prévôt d'entrer & de ſe rafraîchir avec bonne compagnie, tandis que je me pourvoirois de ce qui m'étoit néceſſaire pour la route & pour mon ſéjour à Sainte-Ménéhoud. Il ne fit aucune difficulté d'accepter mes offres, après avoir diſpoſé ſes gens autour du logis, pour faire voir à ſon eſpion qu'il prenoit toutes les précautions que lui preſcrivoit ſon devoir.

Cependant mon père, qui étoit homme de train & de prévoyance, fit vite ſeller trois chevaux. J'embraſſai les Dames, & je donnai mille baiſers à ma tendre Ferdinande. Etant monté à cheval & rangé auprès du Prévôt, le Chevalier & mon père m'accompagnèrent. Les quatre Gentilshommes qui étoient au logis, voulurent à toute force être de la partie. Il sembloit que nous allions à une partie de plaisir. La nuit étant fort obscure, le Prévôt me demanda si j'étois d'humeur à marcher toute la nuit, ou si j'avois sur la route quelque maison ou quelque cabaret où j'aurois envie d'attendre le jour. Il me donna le choix. Nous profitâmes de sa politesse; & pour n'être à charge à personne avec une si grosse troupe, je proposai de nous arrêter à demi-lieue de l'endroit où nous étions dans une grosse auberge à la poste, dans un assez gros village. Mon père & le Chevalier, qui n'étoient pas moins piqués que moi du personnage du parent du mort, ayant pris les devans, furent arrêter tous les lits de cette auberge, & prirent les clefs de toutes les chambres; de sorte que ce maroufle n'en ayant point trouvé pour lui, il fut obligé d'en aller prendre une mauvaise assez loin dans le village. Le Prévôt ne le voyant plus, quand nous fûmes entrés dans la cuisine de l'auberge, se mit à sourire, en nous disant que ce Gentilhomme s'étoit avisé de le suivre pour faire une très-mauvaise figure.

Quoique nous nous fussions mis à table au logis, nous n'en avions pas le ventre plus plein. On ordonna donc un bon souper, qui nous fut promptement servi, & le vin se trouva si bon, que nous passâmes le reste de la nuit à table. Les gens de l'auberge comprirent bien que le prisonnier avoit le cœur trop gai pour avoir quelque chose à craindre. Effectivement, je fus d'une gaieté extraordinaire, &, jusqu'au Prévôt, la compagnie tâcha de m'imiter. L'espion ayant envoyé pour examiner ce qui se passoit, en reçut un rapport qu'il eut de la peine à croire. Il vint lui-même jusqu'à la porte de l'auberge, & ayant entendu nos bacchanales, il en fut si estomaqué, que dès la pointe du jour il monta à cheval pour s'en retourner chez lui. Ne le voyant point le lendemain, après avoir fait une lieue : ha parbieu, Monsieur, dis-je au Prévôt, vous voilà délivré de votre espion, & moi de mon Chevalier de la triste figure ! Il auroit mieux fait, dit le Prévôt, d'aller assassiner quelque lapin dans sa garenne, que d'être venu s'exposer aux nazardes de ses voisins & de toute ma troupe. Tant il est vrai que pour prendre les intérêts de ses proches, on ne doit pas pour cela adopter leurs passions : mais ce bon Gentilhomme n'avoit pas appris à faire cette distinction ; l'éducation ne lui avoit pas formé un juste discernement.

Fin du tome second.

www.ingramcontent.com/pod-product-compliance
Lightning Source LLC
Chambersburg PA
CBHW050656170426
43200CB00008B/1316